AF309784

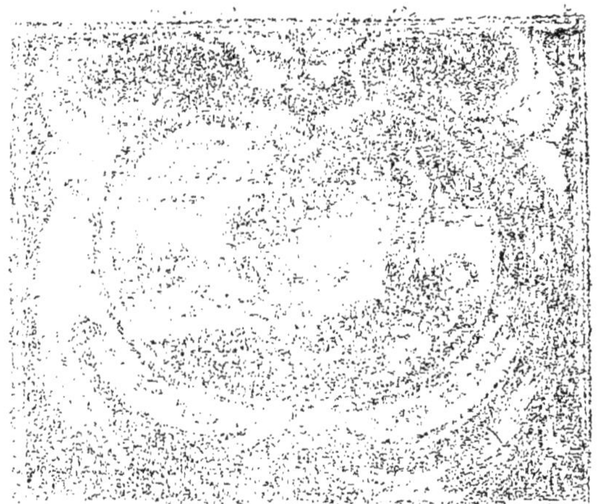

DISCOVRS

DE

L'HISTOIRE.

ou examen de celle de Sandoual sur la vie de charles quint empereur.

A PARIS,

Chez **I E A N C A M V S A T**, ruë
S. Iacques, à la Toison d'Or.

M. DC. XXXVIII.

Auec Priuilege du Roy.

Aug. disc. paris.

A MONSEIGNEVR
L'EMINENTISSIME
CARDINAL DVC
DE RICHELIEV.

ONSEIGNEVR,

Encore qu'il semble que tout
le monde doiue auoir de l'affection
pour l'histoire, puis qu'il ne se voit
personne qui n'en trouue la lectu-
re si agreable, qu'on peut dire
qu'elle a des charmes pour toute
sorte de professions. Si faut-il

ã ij

auoüer que ceux qui sont particulierement interessez dans sa
narration, & qui luy fournis-
sent les principales actions qu'elle
represente, sont beaucoup plus
obligez que les autres d'en faire
estime, & de la proteger mesmes,
si elle a besoin de leur authorité.
Les grands Monarques & leurs
principaux Ministres qui donnent le branle à toutes ces mer-
ueilleuses reuolutions d'Estats que
l'histoire nous descrit, la doiuent
regarder d'vn œil bien plus fauorable que le reste des hommes;
& si elle s'acquitte dignement de
sa charge, nous faisant voir au
vray ce qui est de leur importante conduitte, ils manqueroient
à eux-mesmes, si elle ne leur estoit

aussi chere que leur propre reputation, qui en despend en partie.
Mais comme ils ne sçauroient
tesmoigner trop d'amour pour les
bonnes histoires, aussi ne peuuent-
ils auoir trop à contre-cœur celles qui pechent contre les loix de
leur deuoir; & le mesme interest
qui leur fait affectionner les
vnes, les doit porter à la haine
des autres. C'est ce qui m'a fait
croire, MONSEIGNEVR, que
ie pouuois presenter à Vostre
Eminence ce petit Traitté; où
remarquant les fautes d'vne fort
mauuaise histoire, ie pense auoir
touché les regles principales qu'on
doit obseruer pour en escrire vne
bonne. La passion nompareille que
vous auez pour l'honneur de la

ã iij

France, m'a d'ailleurs asseuré
que vous verriez volontiers re-
futer les calomnies d'vn historien, le plus contraire à la gloire de noſtre nation qui puiſſe
eſtre leu. Et ie me ſuis perſuadé
que Voſtre Eminence ne trouueroit pas hors de propos, ny peut-
eſtre inutile, que i'aye fait voir
aux Eſtrangers ennemis de noſtre
nom, comme la licence qu'ils ſe
donnent de nous diffamer dans
leurs histoires, n'eſt pas pour demeurer ſans repartie. En effect
ſi tous les conſeils de François
premier & de ſes Ministres ont
eſté calomniez par Sandoual, &
ſi ſa malice a peû donner de
fauſſes apparences à leurs meilleurs auis ; ne doit-on pas appre-

hender qu'vne semblable animosité n'entreprenne vn iour la mesme chose sur ceux où vostre in-
comparable prudence se fait tous
les iours admirer ; que toutes
les bonnes intentions de nostre
grand Roy ne soient mal interpre-
tées, & que ses plus heroiques
actions ne se voyent de mesme ex-
posees à la mesdisance. Car encore
que la grandeur de vostre Genie
se fasse respecter par les plus ennemis de vostre valeur & du
bien de cet Estat ; & quoy que
l'industrie de vostre conduitte en
l'vn & l'autre tems de paix ou
de guerre, ne puisse estre trop
hautement estimée; si est-ce qu'v-
ne mauuaise plume en peut beaucoup diminuer le merite, & vn

ã iiij

historien aussi enuieux que Sandoual est capable d'obscurcir vos
plus nobles directions. Ie sçay
bien que vous vous contentez
des satisfactions interieures qu'elles vous donnent, & que, hors
les bonnes graces de sa Majesté,
vous n'attendez point de recom-
penses temporelles de vostre vertu.
Il importe pourtant au public
que le mensonge & l'imposture
ne passent pas pour des veritez
historiques. Les attentats qui
se commettent en cela contre la
gloire des Souuerains & de leurs
premiers Ministres doiuent estre
reprimez. Et ie ne croy pas que
le trauail de ceux qui s'opposent
à de telles calomnies doiue estre
estimé tout à fait infructueux.

EPISTRE.

Si ie suis si heureux, MON-
SEIGNEVR, que vous approu-
uiez celuy que ie prends la har-
diesse d'exposer aux yeux de
Vostre Eminence, ie le mettray
au rang des plus agreables diuertissemens de ma vie, ne pouuant y auoir iamais rien de la-
borieux pour moy, de ce qui sera
capable de vous donner quelque
satisfaction. Et si mes opinions,
touchant la façon dont ie croy
qu'on doit traitter l'histoire, ne
vous desplaisent pas, i'essayeray
de m'expliquer encore mieux dans
vn ouurage de plus grande ha-
lene, par l'vsage des maximes
que j'establis en celui-cy. J'ose me
promettre cependant, que la bonne volonté, & l'extreme respect

dont j'accompagne ce peu que ie
vous offre luy seruira de recommandation; & que Vostre Eminence selon sa generosité ordinaire, ne m'estimera pas vne chose
toute petite qu'elle est, qu'vn zele
pareil au mien luy presente. Le
cœur pour estre l'vne des plus petites parties de l'homme, ne laisse
pas d'estre le plus grand present
qu'on puisse faire à Dieu. Re-
ceuez donc, MONSEIGNEVR,
ce que Dieu ne rejette pas; &
trouuez bon qu'vn cœur qui ne
conçoit rien de plus parfaict que
vostre Idée, vous dedie ce que
l'amour de son Prince, de sa Patrie, & de vostre nom glorieux
luy a fait imaginer. C'est auec
ce mesme cœur que ie vous sup-

plie tres-humblement de souffrir,
qu'autant de tems qu'il m'anime-
ra ie me puisse dire,

MONSEIGNEVR,

Vostre tres-humble &
tres-obeïssant seruiteur
DE LA MOTHE LE VAYER,

PRIVILEGE DV ROY.

LOVIS PAR LA GRACE DE DIEV
Roy de France et de Navarre,
A nos amez & feaux Conseillers les Gens te-
nás nos Cours de Parlement, Maistres des Re-
questes ordinaires de nostre Hostel, Baillifs,
Seneschaux, Preuosts, leurs Lieutenás, & tous
autres de nos Iusticiers & Officiers qu'il ap-
partiendra, Salut. Nostre cher & bien amé
IEAN CAMVSAT Marchand Libraire Iuré en
nostre bonne ville de Paris, Nous a fait re-
monstrer qu'il desireroit faire imprimer vn
Liure intitulé *Discours de l'Histoire, où est exa-*
minée celle de Prudence Sandoual, Chroniqueur du
feu Roy d'Espagne Philippes troisiesme & Euesque
de Pampelune, qui a escrit la Vie de l'Empereur
Charles quint, s'il auoit nos Lettres necessaires, lesquelles il nous a tres-humblement
supplié de luy accorder. A CES CAVSES,
Nous auons permis & permettons par ces
presentes audit Camusat d'imprimer ou faire imprimer, vendre & debiter en tous les
lieux de nostre obeïssance ledit Liure, en
telle marge, en tels caracteres & autant
de fois que bon luy semblera, durant l'espa-
ce de neuf ans entiers & accomplis, à com-
pter du iour qu'il sera acheué d'imprimer
pour la premiere fois. Et faisons tres-expresses

defenses à toutes personnes de quelque qualité & condition qu'elles soient, de l'imprimer, faire imprimer, vendre ny débiter durant ledit temps en aucun lieu de nostre
obeïssance sans le consentement de l'Exposant, sous pretexte d'augmentatió, correction,
changemét de tiltre, ou autremét, en quelque
sorte & maniere que ce soit, durant ledit
temps, à peine de quinze cens liures d'améde,
payable sans deport par chacun des contreue-
nans, & applicables vn tiers à Nous, vn tiers à
l'Hôstel-Dieu de nostre bonne ville de Paris,
& l'autre tiers à l'Exposant, de confiscatió des
Exemplaires contrefaits, & de tous despens,
dommages & interests: A condition qu'il sera
mis deux Exemplaires en blanc en nostre Bi-
bliotheque publique, & vn en celle de nostre
tres-cher & feal le sieur S E G V I E R Cheualier, Chancelier de France, auant que de l'exposer en véte, à peine de nullité des presentes:
Du côtenu desquelles nous vous mandós que
vous fassiez iouïr & vser plainemét & paisible-
ment ledit Camusat, sans souffrir qu'il luy soit
dóné aucun trouble ny empeschemét. Voulós
aussi qu'en mettapt au commencemét ou à la
fin dudit Liure, vn Extraict des presentes, elles
soient tenuës pour deuëment signifiées, & que
foy y soit adioustée, & aux copies collation-
nées par l'vn de nos amez & feaux Conseillers
& Secretaires comme à l'original. Mandons
au premier nostre Huissier ou Sergent sur ce

requis, de faire pour l'execution des presentes tous exploicts necessaires sans demander autre permission: CAR tel est nostre plaisir, nonobstant Clameur de Haro, Chartre Normande, & autres lettres à ce contraires.

DONNE' à Paris le seiziesme iour de Mars, l'an de grace mil six cens trente-huict, & de nostre regne le vingt-huictiesme.

Par le Roy en son Conseil,

CONRART.

DISCOVRS
DE
L'HISTOIRE.

Où est examinée celle de Prudence de Sandoual, Chroniqueur du feu Roy d'Espagne Philippes troisiesme, & Euesque de Pampelune, qui a escrit la vis de l'Empereur Charles quint.

I'ESTOIS depuis quelques mois dans le plus profond repos dont ie pense qu'vn homme de ma profession puisse iouyr dans le monde. Exempt

A

d'ambition , d'affaires , & de
tout autre deſſein que de contenter mon humeur pour lors
ſtudieuſe , ie conuerſois auec
ces grands hommes de l'anti-
quité qui nous diſent ſans flatterie ce qu'ils penſent du vice
& de la vertu. Et ſans que mon
eſprit compatiſt à ce que ma
petite fortune peut reſſentir
des agitatiós publiques, ie con-
templois de mon cabinet ces
grandes reuolutions de l'Europe, du meſme œil que j'ay ſouuent regardé le changement
des Scenes , & les faces differentes d'vn Theatre. Dans cette
heureuſe aſſiette, qui fait voir
les plus eſleuées ſans enuie, ie
receus la viſite & le conſeil d'vn

âmy, auquel apres beaucoup de
resistance ie fus contraint de
promettre, que puis que ie ne
luy pouuois complaire tout à
fait, ie le contenterois au moins
en partie, luy donnant par escrit
les raisons qui m'empeschoient
d'acquiescer entierement à son
auis.

Il se ietta d'abord comme en
riant sur le mespris de certaines
estudes purement contempla-
tiues, & qui font profession de
trouuer en elles-mesmes toute
la recompése de leurs trauaux.
D'où me faisant connoistre
doucement qu'il iugeoit que ie
n'y auois que trop donné de
mon tems, il se mit à me dire
fort serieusement, que si ie

A ij

voulois contenter beaucoup de
perſonnes qui ne me portoient
gueres moins de bonne volonté
que luy, ie leur eſcrirois pluſtoſt des liures d'hiſtoire, que de
philoſophie. Il adjouſta en ſuitte tant de termes choiſis pour
m'expliquer tout ce que les anciens ont dit à l'honneur de l'hiſtoire, & tout ce qu'on ſe peut
promettre d'vtilité & de plaiſir
dans cette occupation, que ie
reconnus aiſément qu'il eſtoit
venu expres pour me la faire
agreer.

Ma reſponſe fut au commencement accompagnée d'vn peu
de reſſentimét de ce qu'il auoit
parlé au deſauantage du plus
agreable entretien de ma vie,

& ie luy tefmoignay qu'il n'y
auroit iamais de confideration
plus forte fur mon efprit, que
celle de l'honnefteté qui fe
trouue dans ces meditations
philofophiques, dont les hommes nez feulement à l'action
font quelquefois le moins d'é-
tat. En effect, j'ay toufiours
comparé celuy qui abandonne
tout à fait les fciences contem-
platiues, pour fuiure celles qui
paroiffent plus profitables dans
le cours de la vie ciuile, à cette
inconfiderée Atalante, qui tra- Ouid.
hit l'honneur de fa courfe pour 10 Met.
ramaffer vne pomme d'or. Et
neantmoins pour tefmoigner
à mon amy que fa bonne volonté m'obligeoit, ie m'accom-

A iij

moday de forte au refte de fes fentimens, que ie mis l'enchere fur tout ce qu'il auoit dit à la recommandation de l'hiftoire.

Ie luy paffay pour bonne la côception d'Agathias, qui veut qu'on la reuere comme vn don de la Prouidence Diuine, veu que fans l'immortalité, dont l'hiftoire eft la difpenfatrice, beaucoup d'actions heroïques cefferoient, pour eftre priuées de leur caufe finale, & de la feule recompenfe qu'ordinairement elles fe promettent. Mais ie luy dis que ie l'eftimois principalement comme celle qui faifoit les propres fonctions de la Philofophie morale, & qui luy pouuoit mefmes par

quelque côsideration estre pre-
ferée, puis que non contente de
donner les mesmes preceptes,
elle y adjoustoit encore les exé-
ples, qui esmeuuent bien plus
puissamment que les mœurs selon que parle Tacite, & qui
rendent le chemin de la vertu
bien plus court que celuy par
lequel nous conduisent les preceptes. Car il me souuient que
Seneque s'explique selon cette Ep. 6.
pensée en l'vne de ses lettres,
soustenant que la vie de Zenon
dont Cleanthes auoit esté spe-
ctateur, l'auoit bien plus in-
struit que sa doctrine ; que les
actions de Socrate seruirent dauantage à Platon que ses discours ; & que Metrodorus deut

A iiij

beaucoup plus à Epicure pour
auoir esté son domestique, que
son escholier. Ne sçait-on pas
que les plus belles leçons que
receut Achille de Chiron furent exemplaires? Que les con-
questes d'Alexandre animerét
toutes les expeditions de Cesar?
Et que l'idée du Cyrus de Xe-
nophon fut le modele sur lequel se forma l'inuincible courage de Scipion? L'histoire dóc
qui prent le soin de nous con-
seruer tant de beaux exemples,
semble auoir bien merité sur
toute autre science ce beau tiltre qu'on luy donne de mai-
tresse de nostre vie. Et c'est peut
estre ce qui a fait dire à Diodore qu'elle estoit comme la

metropolitaine de toute la Phi-
losophie ; au mesme sens que
Diogene nommoit l'auarice la
metropolitaine de tous les vices.

Or comme nous conue-
nions aisément pour ce regard,
aussi ne fusmes nous pas bien
d'accord en ce qu'il pretendoit
en suitte de m'engager à vn
trauail si fort au dessus de mes
forces, comme seroit celuy
d'escrire l'histoire de nostre
temps; & ce qui est encore plus
important, de la donner dés à
present au public. Car encore
qu'il n'y ait point d'ordinaire
de meilleurs autheurs, que
ceux qui parlent des choses
de leur siecle, dont on suppo-

fe qu'ils ont pris toute forte
d'inftruction ; fi eft-ce que la
maxime n'eft pas fi abfolument
vraye, qu'elle ne manque bien
fouuent ; & ce n'eft pas à dire
que tous ceux qui entrepren-
nent vn fi grand trauail, f'en
acquittent comme il faut. Polybe nous l'apprend au fujet de
l'hiftorien Fabius, remarquant
que fa qualité de Senateur Ro-
main, & ce qu'il auoit efcrit
des chofes de fon temps, auoiét
trompé beaucoup de perfonnes, qui faifoient cas fur cela
d'vn ouurage qui n'auoit rien
de recommandable. C'eft bien
quelque chofe de pouuoir dire
qu'on a eu part aux affaires, &
veu vne partie de ce que l'on

Lib. 3.
hift.

expoſe au public. Gellius ſoû-
tient que l'hiſtoire, ſelon ſon
ethymologie Grecque, n'eſt à
proprement parler que de ces
choſes là; & le meſme Polybe
reproche à Timée ſur ce ſujet,
que n'ayant iamais voyagé, ny
rien obſerué de ſon chef, il ne
parloit que ſur des memoires
qu'on luy auoit fournis, & ſur
le rapport d'autruy, le plus ſouuent ſujet à meſconte. Mais
outre que ceux meſmes qui
ont cet auantage qui me manque, ne peuuent pas auoir eſté
par tout, ny ſçauoir toutes
choſes auec vne égale certi-
tude, il faut de ſi grands dons
de nature & d'eſtude, pour ſ'ac-
quitter dignemét d'vne ſi hau-

Noct.
Attic.
lib.5.c.
18.

Lib. 12.

te entreprife, que d'y penfer
feulement ce feroit à vn homme comme moy tefmoigner
trop de temerité. Callifthenes
eftoit vn grand perfonnage, &
qui auoit efté fpectateur de ce
fameux combat entre Alexandre & Darius, au paffage eftroit
des portes de Cilicie. Si eft-ce
que pour auoir ignoré la Ta-
ctique, qui eft l'art de ranger
en bon ordre les batailles, fa
narration a efté conuaincuë
d'abfurdité, & on a fait voir des
impoffibilitez en la defcription
qu'il faifoit de cette importante iournée.

 Ie ne veux pas dire pourtant qu'il n'y ait que ceux qui
font employez dans les gran-

*Polybe
lib. 11.

des affaires de paix & de guerre, qui foient capables de compofer l'hiftoire. Outre que leurs occupations continuelles pour le bien public ne leur donne gueres le loifir de vaquer à cela, quelques-vns ont remarqué qu'vne bonne partie des plus grands Miniftres n'ont pas eu les conditions qui y font requifes ; & la plus-part des Capitaines que nous fçauons auoir le plus fait auec l'efpée, ont eu d'ailleurs vne fort mauuaife plume. Les liures de Pyrrhus & d'Hannibal furent tels , qu'on ne peut pas dire qu'ils ayent rien contribué à leur reputation. Ceux d'Augufte , de Tybere, de Claudius , & de tant

Dionyf.
Halic.
Corn.
Nepos.

d'autres Empereurs, ont eu si
peu de Genie, qu'il n'en est
rien venu iusques à nous. A la
verité Cesar a esté plus heureux. Et neantmoins quoy qu'il
eust exercé son stile excellent
dés son ieune aage; encore qu'il
eust escrit du mesme Genie, &
auec la mesme force dont il
combattoit ses ennemis, selon
le dire de Quintilien ; & bien
qu'il eust fait des liures d'Ana-
logie, & des Anticatons, auant
que de commáder des armées;
ses commentaires ne laisserent
pas d'estre repris par Asinius
Pollio, comme ceux qu'il auoit
composez auec si peu de soin,
& de verité, qu'il les eust sans
doute corrigez, à ce que dit

Pollio, sans sa mort precipitée.
C'est ainsi que toutes les graces
ne se trouuent que rarement en
vn mesme sujet; que le temperament qui donne les vnes,
nous enuie bien souuent la pos-
sessió des autres; & qu'il semble
que le ciel n'ait pas voulu permettre que ceux qui font les
choses qui sont dignes d'estre
escrites, puissent encor auóir la
gloire d'escrire celles qui meritent d'estre leuës. Si faut-il
confesser qu'il se trouue des
personnes d'vne naissance telle-
ment priuilegiée, qu'on les voit
reüssir en toutes choses. Mais
nous ne parlons pas de ce qui
est si rare en la nature, que nous
le pouuons mettre au rang de
les autres prodiges.

Tant y a que puis que fouuent les plus grands hommes
mefmes fe trouuent n'auoir pas
toutes les parties neceffaires à
vn fi important ouurage qu'eft
celuy de l'hiftoire, ie m'excu-
fois ce me femble affez raifon-
nablement à mon amy, luy fai-
fant auoüer au mefme tems
qu'on ne peut fans indignation
voir auec quelle infolence des
perfonnes de nulle confideration, & de moindre erudition,
ont ofé prendre vn fi prefom-
ptueux deffein. Suetone fait
vne obferuation apres Corne-
lius Nepos, que le premier des
Libertins qui eut la hardieffe
de mettre la main à la plume
pour cela parmy les Romains,
fut

fut vn Otacilius, qui de portier
esclaue estoit paruenu par son
bel esprit à estre precepteur de
Pompée le Grand, mais qu'a-
uant luy il n'y auoit eu que les
plus honnestes hommes, & les
plus considerables de la Republique qui s'en fussent meslez.
Si nous auions la moindre tein-
ture de cette vertueuse pudeur
qui les retenoit de ce tems-là,
ou qu'vne iuste censure fust
employée à reprimer ceux que
l'on ne peut autrement mettre
à la raison, nous ne verrions pas
cette belle partie des discipli-
nes si mal traittée, pour estre
tombée en de trop mauuaises
mains.

Pour ce qui concernoit la

publication, ſuppoſant meſmes
que j'euſſe peû ſatisfaire à ce
qui eſtoit de la compoſition, ie
le priay de conſiderer que ſelon
l'opinion de Lucien, & de beaucoup de perſonnes, l'hiſtoire
eſtoit vn preſent qui ne deuoit
eſtre fait qu'à la poſterité ; &
qu'on pouuoit bien eſcrire l'hiſtoire de ſon tems, moyennant
que ce fuſt auec deſſein de ne la
faire voir qu'à l'auenir. Voicy
de quels moyens ils ont accouſtumé de ſe ſeruir pour authori-
ſer cette opinion. Puis que la
premiere loy de l'hiſtoire eſt de
ne dire iamais vn menſonge, &
la ſeconde de ne taire iamais
vne verité ; chacun peut bien
iuger que toutes veritez n'eſtắt

(marginalia: Quomodo ſcr. hiſt.)

(marginalia: Cic. 2. de Oratore.)

pas touſiours bonnes à dire, ſelon le prouerbe, il n'y a pas
grande apparéce qu'vne vraye
& legitime hiſtoire peuſt eſtre
bien receuë par ceux qui ſe pre-
tendroient intereſſez dedans.
On peut dire cela d'autant plus
libremét aujourd'huy, que graces à Dieu ceux qui doiuent
faire la meilleure partie de la
noſtre, comme eſtant les plus
conſiderables de l'Eſtat, ſe gouuernent de ſorte, qu'ils doiuent
attendre d'vne fidelle narration
de leurs actions, la principale
recompenſe qu'elles meritent,
puis qu'ils ne peuuent eſtre iamais ſi hautement loüez, que
quand on parlera veritablemét
de leur adminiſtration. Mais

B ij

outre que les tems ne font pas
toufiours femblables, il y a tant
d'autres hommes au deffous
d'eux, qui ne laiffent pas d'entrer forcément dans le corps de
l'hiftoire, qu'il eft bien difficile
que celuy qui l'efcrit ne foit
touché de beaucoup de confi-
derations s'il fe refoult de la
rendre publique de fon viuant.
Car pour en parler auec fran-
chife, y a-til pas vn de nous qui
fouffrift volontiers d'eftre mis
dans l'hiftoire auec la mefme liberté dont il vit? Confeffons-le
ingenument, nos mœurs ne le
fouffrent pas; & ie doute mefmes fi hors le fiecle d'or des Poëtes, il y en eut iamais vn autre
auquel vne fi grande licence de

tout dire ait esté bien receuë,
ou seulement soufferte. C'est ce
qui a fait comparer vne bonne
histoire à vn fruict tres-exquis,
mais qui n'est pas encore meur.
Parce que comme il ne se faut
pas trop haster de cueillir celui-
cy, & qu'il doit estre mesmes
tenu quelque tems sur la paille,
auant qu'il puisse estre de bon
debit au marché. Aussi ne faut-
il pas penser qu'vne histoire qui
parle auec la liberté necessaire
des hommes viuans, soit encore propre à voir le iour; le tems
auquel elle pourra estre trou-
uée de bon goust n'est pas encore venu; & il suffira que ceux
qui nous suruiuront luy donnent vn iour l'estime & le prix

B iij

qu'elle merite. De penfer qu'on
peut garder vne certaine moderation, par le moyen de laquelle, fans offenfer perfonne
dont on puiffe craindre le ref-
fentiment, on ne laiffe pas d'in-
finuer les chofes, & de les declarer à peu pres comme elles
fe paffent; ce n'eft pas vn expe-
dient qui puiffe eftre receu, ny
qui foit aucunement tolerable.
Car c'eft vne chofe conftante
qu'vn bon hiftorien eft obligé
de publier le bien & le mal des
chofes & des perfonnes dont il
traitte, fans que l'amour ou la
haine, l'efperance ou la crainte
l'en doiuent iamais difpenfer.
Polybe repete fouuent cette
maxime, & fouftient qu'on ne

Li.11 &
li.16.

doit pas dire simplement, comme faisoit Timée, qu'Agatho-
cles estoit vn Tyran, sans adjoû-
ter qu'il estoit aussi vn tres-grãd
personnage. Et l'histoire saincte
qui parle de l'Idolatrie, aussi
bien que de la sagesse de Salo-
mon ; du reniement de sainct
Pierre, comme de sa peniten-
ce; & des débauches de la Mag-
delaine ; de mesme que de sa
conuersion ; nous monstre assez
par là ce qui doit estre obserué
par tout ailleurs. On peut adjouster que puis que les loix
condamnent comme fraudu-
leuse l'action de ceux qui di-
sent tout ce qu'ils peuuent de la
bonté d'vn fonds de terre, ou
d'vne maison dont ils se veu-

B iiij

lent défaire, en taifant les defauts, & en cachant foigneufe-
ment toutes les mauuaifes qualitez ; à bien plus forte raifon
doit-on blafmer la procedure
d'vn hiftorien, qui en vne matiere beaucoup plus importante, & où il va de l'inftruction de
tout le genre humain, ne dit
qu'vne partie de la verité, &
cache le refte en faueur de ceux
qu'il veut obliger, ou des autres à qui il ne veut pas déplaire. Ce font à peu pres les confi-
derations que j'apportay à mon
amy pour luy iuftifier ma rete-
nuë, luy auoüant neantmoins
que la principale caufe eftoit
fondée fur ce que ie n'auois pas
les prouifiõs neceffaires pour vn

fi haut deſſein ; & qu'au cas que
ie me veiſſe iamais des mate-
riaux ſuffiſamment pour fournir à la conſtruction de ce grand
baſtiment de l'hiſtoire, ie con-
tribuerois volontiers pour luy
complaire toute ma petite in-
duſtrie, & ce que j'auois eſté cu-
rieux d'apprendre des loix qu'il
faut obſeruer dans vne ſi noble
architecture. Surquoy eſtant
entrez en vn aſſez long propos
du blaſme ou de la loüange que
ſēblent meriter beaucoup d'hiſtoriens modernes, nous nous
arreſtaſmes particulierement à
en examiner vn, dont j'auois la
memoire aſſez recente, & qui
ſuiuant ma promeſſe fournira
de ſujet au preſent diſcours.

Ie n'ay iamais estimé l'humeur critique de certaines personnes, qui ne mettent gueres volontiers la main à la plume que pour censurer les ouurages des autres, & sur tout de ceux qui pour n'estre plus, sont sans repartie. C'est vouloir viure en euoquant les morts, bastir inhumainement sur leur sepulture, & les déterrer pour s'en repaistre, comme cet infame Dabuth des Arabes. Cela m'auroit peû empescher d'escrire icy les obseruations suiuantes sur l'histoire de la vie & des actions principales de l'Empereur Charles quint, dont j'apprens que l'autheur est mort, bié qu'il n'y ait pasplus de dix-

huict ans qu'il la dedia au feu
Roy d'Espagne Philippe troisiesme. Mais d'vne part la guerre ouuerte où nous sommes
maintenant auec ceux de sa
Nation, me peut bien permettre quelque chose en cecy; bien
qu'elle ne m'empesche pas de
reconnoistre Mariana & quelques autres du mesme pays,
pour aussi bons escriuains que
celuy-cy l'est mauuais. Et d'ailleurs i'espere rendre mes re-
prehensions si claires, qu'on
connoistra facilement que ie
les ay plus faites pour profiter
au public, que pour en tirer
quelque auantage particulier.
En effect y ayant deux façons
d'enseigner, dont l'vne donne

les exemples de ce qu'il faut
imiter, & l'autre fait voir ce
qui eſt à fuir; puis que tant de
perſonnes ont deſia eſcrit les
choſes qui ſont requiſes pour
la perfection de l'hiſtoire, ie
pretens remarquer icy beaucoup de defauts qu'on doit éui-
ter, & dont ie ne croy pas qu'on
puiſſe fournir de plus riches
preuues, que celles que ie tire-
ray du texte que j'entreprens
d'examiner. C'eſt ainſi qu'Iſ-
menias faiſoit entédre à ſes diſ-
ciples les plus mauuais ioüeurs
de fluſtes de ſon tems. Que le
Lib. 1. pere d'Horace luy faiſoit jetter
Sat. 4. les yeux ſur la plus deſbauchée
ieuneſſe de Rome. Et que
Quintilien vouloit que les Pro-

fesseurs d'Eloquence leussent Lib. 2. inst.c.5. quelquefois à leurs escholiers des oraisons fort vicieuses, afin que les improprietez, les ob-scuritez, & les bassesses qu'ils y remarqueroient, leur fissent mieux comprendre les parties essentielles d'vne parfaicte orai-son. Ie sçay bien que la qualité d'Euesque de Pampelune que prend Prudence de Sandoual au commencement de ce liure merite beaucoup de respect. Mais ie pense aussi qu'on m'ac-cordera facilement que ce ne sont pas choses incompatibles d'estre en mesme tems fort bon Euesque & fort mauuais historien. Gregoire Euesque de Tours estoit vn grand Pre-

lat, & que nous deuons beaucoup estimer à cause de ce qu'il
nous a donné de nostre France
en vn tems de pleine barbarie
à l'esgard des lettres. Et neantmoins l'examinant par les regles de l'histoire, ie croy que
personne ne le voudroit faire
passer pour vn autheur ac-
comply.

Commençons donc, pour
suiure quelque ordre par celuy
qui est obserué aux deux vo-
lumes de cette vie, & voyons
s'il a esté bien pris & bien en-
tretenu. Il est si necessaire en
toutes choses, que les Philosophes l'ont nommé la forme
de l'vniuers, qui ne peut sub-
sister sans son moyen. Mais on

le peut bien dire tel particulie-
remét au sujet dont nous trai-
tons, veu qu'vn corps d'histoire
dépourueu de la methode qui
y doit estre , paroist plustost
vn cadaure froid & sans senti-
ment , qu'vn ouurage animé.
Or l'ordre historique se prend
ou des lieux, comme a fait Herodote , ou des tems, selon
qu'en a vsé Thucydide; & c'est
le tems qui compose ce qu'on
nomme proprement le fil de
l'histoire. Car la chronologie
est vn filet plus necessaire à se
démesler d'vne narration historique, que ne fut iamais à The-
sée celuy qui le tira de tous les
destours du Labyrinthe. Ie ne
sçay personne qui l'ait iamais

pris que par le plus ancien
bout, pour finir aux derniers
tems, si ce n'est Ciceron, qui
commença par son Consulat,
& remonta iusqu'à Romulus,
& à la fondation de Rome, si
Lib. 46. nous en croyons Dion Cassius.

A la verité nostre autheur n'a
pas esté en cela si extrauagant,
il a suiuy le cours ordinaire, &
a mis mesmes la datte des années en marge, qui sont des
bornes si necessaires à l'histoire, que sans elles on la peut
comparer à vne campagne sans
limites, où on a de la peine à se
reconnoistre. Et neantmoins
on y peut estre souuent trompé, n'y ayant liure où il n'ait
commis de notables paracro-
nismes,

nifmes, traittant en telle année
des chofes paffées beaucoup de
tems auparauant, ou plufieurs
années apres, ce qui l'oblige en
fuitte à des repetitions les plus
infupportables que i'aye iamais
remarqué ailleurs. Il me fou-
uient d'y en auoir leu vne de
plus de deux pages, fans qu'il
y euft vn feul mot changé, ce
qui procede d'vn defaut eftrange de memoire, ou de iuge-
ment. Ce n'eft pas que ie vueil-
le nier qu'vn hiftorien ne doiue quelquefois s'accommoder
aux matieres qu'il expofe, en
forte que pour ne les abandonner du tout imparfaites, & ne
laiffer l'efprit de fon lecteur
trop confus & mal fatisfait, il

C

ne puiſſe les reünir, & donner
en vne seule narration ce qui
n'eſt arriué qu'en des tems vn
peu differens. Thucydide eſt
repris sur cela par Denys d'Ha-
licarnaſſe, de ſ'eſtre ſi fort a-
ſtraint à ſes deux saiſons d'Eſté,
& d'Hyuer, que pour ne rien
dire en l'vne qui fuſt du tems
de l'autre, il couppe les choſes
dont il traitte en tant de parties, & les mutile de ſorte,
qu'elles donnent du dégouſt,
& laiſſent du trouble dans l'eſprit de ceux qui les liſent.
Mais c'eſt le faiƈt d'vn iudicieux eſcriuain de reconnoi-
tre par la nature des matieres,
la neceſſité qu'il a de ne les pas
disjoindre, ce qu'on ne peut

pas dire de Sandoual ; m'asseurant bien que personne ne le
lira sans reconnoistre icy ses
fautes, & sans tomber d'accord
auec moy, qu'il n'a esté pru-
dent que de nom en ceste partie, non plus qu'en de certaines digressions dont il vse. Ie
ne les condamne pas toutes
comme absolument vicieuses,
puis que les meilleurs historiens Grecs & Latins les ont
pratiquées ; mais ie les blasme
seulemét quand elles sont hors
de propos comme les siennes,
& lors qu'on mesle, comme
luy, des choses qui n'ont nul
rapport entr'elles.

Ie croy deuoir dire aussi quelque chose de son stile auant que

de paſſer plus auant. Non pas
que ie penſe qu'on doiue vſer
de trop de ſcrupule en cette
partie, ny que de bonnes choſes
perdent leur prix en matiere
d'hiſtoire pour eſtre dites en
mauuais termes. Polybe ſ'eſt
mocqué auec raiſon de l'hiſtorien Zenon, pource qu'il ne faiſoit eſtat que de la diction, &
que pour vaquer à vne vaine
eloquence dont il faiſoit para-
de, il negligeoit le plus ſerieux,
& commettoit des fautes eſſen-
tielles dans ſon ouurage. Mais il
eſt bien raiſonnable neãtmoins
qu'vn autheur qui entreprent
vn labeur de reputation comme celui-cy, face eſlection de
l'vn des trois caracteres qui eſt

Excerp.
Val. p.
75.

le plus approprié à son dessein;
& qu'il ayt son stile reglé de
mesme, qui luy soit propre, asseuré, & non emprunté. Ce seroit trop de rigueur de les examiner à cette heure separémét,
ce bon Prelat n'ayant à mon
auis iamais reconnu la distin-
ction qu'on fait ordinairement
entre le stile & le caractere.
Disons seulement de l'vn & de
l'autre, qu'à les considerer en
gros & dans le general de son
œuure, ils sont bien du plus bas
estage, & du moindre orne-
ment qu'on puisse gueres obseruer dans les liures; encore
qu'il y ayt quelquefois de l'inégalité en ceux-cy, à cause de
certaines pieces beaucoup plus
C iij

trauaillées que le reſte, & qu'on voit bien luy auoir eſté four- nies d'aſſez bonne main. A la verité ceux qui ont creu recon- noiſtre la portée de la langue Eſpagnole, n'ont pas iugé que ſoit en proſe ou en vers, elle ayt encore atteint la perfection des plus cultiuées. Elle a pourtant ſes graces particulieres ; & comme le parler rent vn teſ- moignage ſecret de nos mœurs, celuy des Eſpagnols n'eſt pas moins altier que leurs façons de faire ; & ils ſe vantent meſmes, dans leurs rodomontades ordi- naires, d'auoir de toutes les lan- gues celle qui eſt la plus propre à commander. Quoy que c'en ſoit, il y en a quelques-vns par-

my eux qui escriuent bien plus
eloquemment que les autres, &
si vous conferez le stile de Sandoual auec celuy de Mariana,
de Herrera, ou de Cabrera,
tous historiens de mesme tems
que luy, vous trouuerez le premier fort grossier, & du tout au
dessous de celuy des suiuans.
Or tous les maistres ont conuenu que l'histoire estoit vne des
principales parties de l'art ora-
toire, *opus oratorium maximè,*
dit Ciceron, se pleignant de ce 1. de Le-
gib.
qu'en son tems elle n'auoit pas
encor esté bien traittée par les
Romains. Aussi voyons-nous
qu'elle fait des harangues qui
ne cedent en rien à celles de la
Rhetorique, s'en trouuant dans

C iiij

Thucydide & dans Tite-Liue
qui ne font pas moins admirées
que celles de Demofthene ou
de Ciceron. Et quand on voudroit faire valoir l'opinion de
Diodore, & de quelques autres, qui femblent condamner
les oraifons hiftoriques, cela fe
deuroit entendre des directes,
qui n'ont rien de vray-fembla-
ble, & qui interrompant le fil
de la narration, confondent
l'efprit de ceux qui la lifent;
non pas de celles qui font iudi-
cieufemét placées, & qui pour
eftre rapportées d'vn autre or-
gane que les directes, n'interef-
fent point la vray-femblance
de l'hiftoire. Bien que les directes mefmes ayent efté pratti-

Lib. 10.
hift. c. 1.
& 2.

quées par tant de grands per-
sonnages, que quant à moy ie
ferois grande conscience de les
reprendre en Sandoual sinon
pour estre tres-mal faites. L'historien a encore cela de commun auec l'orateur , qu'il est
pathetique , & esmeut souuent
les affections comme luy , d'où
vient que Thucydide est pre- *Epi. ad*
feré à Herodote en cette partie *Pomp.*
par Denys d'Halycarnasse. Vray *& de*
ver. scr.
est que la fin de l'historien
quand il esmeut, est en cela dif-
ferente de celle de l'orateur,
que le premier se propose de
faire comprendre la matiere
qu'il traitte , & d'en exposer
comme à la veuë tous les acci-
dens, en sorte qu'on ne puisse

douter de la verité de son discours; & le dernier n'a pour but
que de persuader son auditeur,
& d'obtenir le gain de sa cause
telle qu'elle soit. Mais l'historien ne doit pas seulement or-
ner son stile de l'eloquence ora-
toire, il faut qu'il se serue encore de l'eloquence poëtique.
10. Inst. Quintilien dit pour cela que
c. 1. l'histoire est si voisine de la poë-
sie, qu'elle est comme vn poë-
. me libre & sans contrainte. Les
D. Ha- œuures de Thucydide & d'He-
lya ep. rodote ont esté nommées à ce
ad Tub. propos, d'excellentes poësies.
Et nous voyons qu'Agathias,
qui estoit Poëte de nature, fut
In prin- porté par le Secretaire d'Estat
cip. hist. Eutychianus à escrire l'histoire

fur cette confideration, qu'il y
auoit vne fi grande affinité entre la poëfie dont il faifoit pro-
feffion, & l'hiftoire, que le paffage de l'vne à l'autre fe feroit
fans peine, & ce feroit comme
trauerfer d'vne patrie en vne
autre patrie, pour vfer de fes
propres termes. En effect l'hiftoire nous reprefente les chofes auenuës & veritables, du
mefme air à peu pres que la
poëfie nous dépeint les poffi-
bles & les vray-femblables.
C'eft pourquoy on les diftin-
gue feulement en comparant
les pieces de celle-cy aux ta-
bleaux de Zeuxis, qui faifoit
fes figures plus grandes que le
naturel, pour leur donner plus

de majesté ; & les ouurages de
l'autre à ce qui sortoit des mains
d'Apelle, où la ressemblance
estoit si curieusemét obseruée,
qu'on n'y trouuoit iamais rien
de disproportionné au sujet.
Nous pouuons dire maintenát,
que si Sandoual n'a rien emprunté des Orateurs, comme
cela ne luy peut pas estre imputé, il a encore moins pris des
Poëtes, si ce n'est en ce qu'il de-
bite beaucoup de contes fabuleux, qui corrompent comme
vn mauuais leuain ce qu'il y a
de verité dans son histoire. Et
pource que d'entrée il nous sert
d'vne fabuleuse genealogie de
la maison d'Autriche, nous ferons aussi nostre premiere ob-

feruation de quelques abfurditez ridicules que j'ay remar-
quées dans fes deux gros volu-
mes, commençant par cette
genealogie.

Ce n'eft pas fans fujet que les
Grecs ont dit, que le commencement valoit en toutes chofes
la moitié de l'ouurage; Platon
ayant adjoufté au fixiefme de
fes loix qu'il tenoit lieu encore de quelque chofe dauanta-
ge. Ariftote remarque fur cela, 5.Polit.
que les fautes qui fe commet- c.4.
tent dans les principes font de
confequence pour tout le refte;
pour le moins eft-il certain que
l'on iuge ordinairement de ce
qui fuit par le commencement
de chaque chofe.

Ç'a dõc esté vne merueilleuse impertinence à cet historien de debuter par vne si ridicule genealogie de Charles quint, expliquée de pere en fils depuis Adã iusqu'à luy. Car encor que personne ne puisse douter de la verité de sa premiere table, depuis nostre pere commun iusques aux enfans de Noé, puis que nous la tenons du Sainct Esprit par les mains de Moïse; c'est en cela pourtant qu'il a commis vne puerilité indigne d'vn homme serieux, d'auoir pris la peine si inutilement de donner des ancestres à Charles quint, que personne ne luy peut disputer, & dont le plus grand *vellaque* d'Espagne, & le moin-

dre homme du monde se peut
vanter comme luy. Mais de
passer du texte sacré aux fables
de Troye, & de coudre les veritez de la Genese auec les resve-
ries du Berose supposé par An-
nius de Viterbe, & celles de
l'Abbé Tritheme, qui sont les
autheurs primitifs d'vne si belle
genealogie, ie ne sçay s'il n'y a
point en cela quelque impieté.
Au moins se deuoit-il souue-
nir, qu'il y a plus de quinze cens
ans que Dion de Prusse a souste-
nu, par vn discours qui nous
reste dans ses œuures, que le
siege de Troye ne fut iamais.
Quoy qu'il en soit, Sandoual
auoit besoin, aussi bien que Virgile & Ronsard, de la destru-

ction d'Ilium par les Grecs, pour
trouuer son Francus qui don-
nast le nom aux François, &
puis entrer par ce moyen dans
la premiere race de nos Roys,
afin qu'vn Sigibert venu d'eux,
& establdy premier Duc d'Allemagne, fust la tige de la maison
d'Autriche; qui se trouuera par
ce moyen non seulement plus
ancienne que celle de France
aujourd'huy regnante, mais
encore auec plus de droict au
Royaume, comme l'ayant possedé auant celle de Pepin & de
Hugues Capet. Pour le moins
est-ce la consequence que Val-
des en tiroit il n'y a gueres, en
faueur du Roy d'Espagne Philippes second, contre Henry le
Grand.

Grand. Si de fort habiles hommes n'auoient déja tres-perti-
nemment refuté toutes ces ba-
gatelles, dans leur response au
Secretaire Piespord, ie me croirois obligé d'essayer maintenant la mesme chose. Mais ils
ont si nettement fait voir comme Rodolphe, qui rendit la
maison d'Autriche souuerai-
ne, estoit issu des Comtes de
Tierstein, & de Habsbourg ; &
comme ces Comtes n'eurent
iamais ny Roys, ny Princes, ny
Ducs pour deuanciers, que ie
n'en diray rien dauãtage, sinon
qu'il y auoit trois cens ans que
nos Roys de la troisiesme race
regnoient de pere en fils , lors
que ce Rodolphe fut esleu Roy

D

des Romains, du regne de noſtre Philippes le Hardy.

Il faut pourtant noter encor icy l'extrauagante viſion
du Granadin Pegnaſiel Con-
treras, qui non content de
nommer, auſſi ridiculement
que Sandoual, cent dixhuict
ſucceſſions depuis Adam iuſques à Philippes troiſieſme, en
fait voir cent vingt & vne du
meſme principe iuſqu'au Duc
de Lerme, pour qui il compo-
ſa ce bel ouurage. Ce n'a pas
eſté ſans donner comme les autres dans les reliques de la vieille Troye, où il trouue, auant
meſme ſa deſtruction, deux
freres, Illus, & Aſaracus, du
premier deſquels il fait ſortir

le Roy d'Espagne, & de l'autre
son Excellence, qui est vne parenté assez esloignée ; aussi la
rent-il bien plus proche par
les lignes maternelles, qu'il a
semblablement dressées.   Et
pource qu'il n'y auoit pas d'apparence de laisser vn Duc si
bien apparenté sans Souuerai-
netez , il met Enée entre ses
ayeuls ; ce qui luy pourroit
donner vn grand droict sur le
patrimoine de sainct Pierre, si
les Espagnols ne respectoient
trop le sainct Siege , pour rien
entreprendre de ce costé là. Il
couche de suitte vn peu apres
Enée , ce Brutus qu'on veut
auoir donné le nom à la grande Bretagne, par le moyen du
D ij

quel on peut auſſi bien conclu-
re, que les Roys d'Angleterre
qui y dominent preſentement
ſont des vſurpateurs ſur ceux
de la maiſon de Rojas & de
Sandoual, dont eſtoit le Duc
de Lerme, comme nos Roys le
ſeroient par l'argument de Val-
des, ſur ceux de la maiſon d'Autriche. Eſt-il poſſible qu'il y ait
des eſprits qui ſe puiſſent re-
paiſtre de telles chimeres ? Ie
ſçay bien que les Philoſophes
diſent que nous ſommes tous
naturellement amateurs des fables; & ils en rendent cette raiſon, que noſtre eſprit eſtant de
ſa nature infiny, aime par ſym-
pathie les choſes qui luy reſ-
ſemblent, & qui ne reçoiuent

point de bornes, comme font
les fables. Mais cela eſt bon
pour ſe plaire à tirer des mo-
ralitez de celles d'Eſope, ou
pour prendre ſon diuertiſſe-
ment au recit de quelque conte fait à plaiſir comme l'on dit;
& non pas pour fonder ſerieu-
ſement les droiĉts d'vne Couronne, & appuyer ſur elles dans
vne hiſtoire les intereſts des
Eſtats. Comme on veut que
nous ayons tous vne certaine
inclination au mal, on a dit de
meſme que nous nous plaiſſions
naturellement aux inuentions
fabuleuſes. Ce qui n'empeſche
pas qu'ainſi que l'objeĉt de la
volonté eſt le bien, celuy de
l'entendement ne ſoit le vray;

D   iij

& par conſequent que tout
menſonge, entant que tel, ne
doiue naturellement déplaire.

Tant y a que noſtre Chroniqueur Sandoual voulant faire
trouuer bonne, & bien autho-
riſer vne ſi importante genealogie, a creu qu'il ſuffiſoit de
dire qu'il la tenoit entr'autres
autheurs d'vn certain Gebuuiler, qui eſt le meilleur qu'il
ait, & que vous noterez auoir
eſté vn pauure maiſtre d'Eſ-
chole de Haguenau. Parce que,
dit-il, Gebuuiler ayant dedié
ſon liure à l'Empereur Ferdinand, il n'y auroit point d'apparence de croire, qu'vne choſe preſentée à vn ſi grand Prince, n'euſt pas eſté trauaillée

auec vn grand foin , & ache-
uée auec toute forte de fidelité : N'eft-ce pas là vn argument
en bonne forme, & de difficile
repartie ? Il f'en fert d'vn tout
femblable à la fin de fon fe-
cond tome , voulant finir auffi P. 898.
bien qu'il auoit commencé.
Car pour derniere & plus forte
preuue des vertus de Charles
quint , il allegue la lettre de
François Titelman Lecteur à
Louuain, faite lors qu'il dédia
à cet Empereur fon Expofition
des Pfeaumes, où il le compare
au Roy Dauid ; & le tefmoi-
gnage de Surius qui le nomme
les delices du genre humain
apres Titus. Comme fi ce n'é-
toit pas la couftume en fem-
D iiij

blables occaſions , de donner
aux Roys les qualitez qu'ils
doiuent auoir, quand meſmes
ils ne les poſſederoient pas entierement. Et comme ſi la bonté des Princes n'eſtoit pas telle,
qu'ils ſouffrent tous les iours
qu'on leur dedie mille imper-
tinences ſemblables aux ge-
nealogies dont nous parlons.
Ie ne veux pas nier que nous
n'ayons eu des Hiſtoriens, auſſi
bien que des Poëtes, qui ont
creu pouuoir faire pour la France, ce que Virgile & Tite-Liue
ont fait pour leur pays, y faiſant venir Enée. Antenor a eſté
de meſme à Veniſe, Vlyſſe à
Liſbonne, & où n'a-t'on point
fait aller tous ces Heros , en-

nuyez d'vn ſiege de dix ans,
& perſecutez des Dieux, qu'il
auoit faſ combattre auſſi bien
que les hommes? Il n'y a gueres
de nations qui n'ayent pris plaiſir à rapporter leur extraction à
quelqu'vn de ces Princes Grecs
ou Troyens, pource que l'hiſtoire Payenne n'a rien de plus
remarquable que les belles
actions qu'on leur attribuë, ny
meſme de plus ancien, ne re-
ſtant aucune memoire de ce
qui a precedé les guerres de
Thebes & de Troye. Il n'eſt
pas iuſques aux Turcs qui ne
ſe diſent venus d'vn Turcot
Troyen, qui demeura dans la
fauſſe Sicábrie des Palus Meo-
tides, pour y gouuerner le reſte

des peuples qui ne pafferent
pas auec les premiers François
en ces quartiers de ● çà. C'eft
pour cela que les Turcs ont dit
quelquefois qu'ils nous tou-
choient de parenté. Mais felon la genealogie de la maifon
d'Autriche, iffuë de la premiere race de nos Roys, les Efpagnols leur font bien plus pro-
ches que nous; & il y a grande
apparence que f'ils la font valoir à Conftantinople, elle leur
pourra feruir à obtenir cette
alliance qu'ils nous enuient fi
fort, & qu'ils y follicitent il y a
fi long tems, comme nous ver-
rons tantoft. On ne peut pas
dire pourtant qu'aucun hiftorien de quelque confideration

ait iamais donné ces origines
pour veritables, ny qu'il ait
voulu fonder deſſus autre choſe qu'vn peu de gloire imagi-
naire à ſa Nation. Au lieu que
ces Chroniqueurs Eſpagnols
ſen ſeruent, pour y jetter des
fondemens de la conſequence
que nous venons de repreſenter. Et ce qui eſt bien eſtrange, ils debitent en vne meſme
piece les fables Payennes auec
les veritez de la ſainĉte Eſcri-
ture; mettant des Roys de Tra-
gedie, & d'autres dôt on n'oüit
iamais parler, en ſuitte de nos
plus ſainĉts Patriarches, comme ſi les vns n'eſtoient pas plus
veritables que les autres, &
qu'il fuſt loiſible de meſler

ainſi le ſacré auec le propha-
ne.

Il ne faut pas ſ'arreſter par
tout autant que nous auons
fait ſur cette genealogie, à cauſe de ſon importance ; voyons
quelques autres endroits qui ne
ſont pas moins ridicules, quoy
qu'ils ſoient moins dangereux.

Dans la ſucceſſion de Charles quint, dont il parle auant
que d'auoir dit vn ſeul mot de
ſa vie, il fait ceſte belle remarque de la Reyne Marguerite
femme de Philippes troiſieſme,
qu'elle eſtoit née le propre iour
de Noel, entre neuf & dix heu-
res du matin, comme la cloche
d'vne Egliſe ſonnoit l'éleua-
tion du ſainct Sacrement à la

Meſſe ; ce qui fut, dit-il, vn
ſigne de ſa grande deuotion. Il
eſt certain que ce fut vne tres-
grande & tres-religieuſe Princeſſe. Mais cette remarque d'vn
coup de cloche eſt indigne de
l'hiſtoire, & ne vaut pas mieux
que ce que dit fort imperti-
nemment Louys Cabrera du
bapteſme de Philippes ſecond,
celebré le 21. de May 1527. qu'il Lib. x.
ne fut pas ſi ſolemnel qu'il euſt c. 1.
eſté, à cauſe de la nouuelle qui
vint lors, que l'armée de l'Empereur auoit ſaccagé Rome le
ſixieſme du meſme mois & an,
chacun prognoſtiquant de là,
bien que fauſſement, que l'enfant ſeroit vn iour la ruine de
l'Egliſe. Vn eſcriuain ſerieux

ne s'amusera iamais à faire de
si friuoles obseruations.

Le conte qu'il fait d'vne sor-
ciere demande vn lecteur fort
fauorable. Il dit qu'en l'an 1527.
vne vieille se frotta au haut
d'vne tour deuant l'Auditeur
qui luy faisoit son procez dans
Pampelune, & que soudain elle
chemina la teste en bas ram-
pant comme vn lezard iusques
au milieu de la tour, d'où elle
fut veuë voler en l'air par tout
le monde present, se transpor-
tant iusques à trois lieuës de là.
Ie laisse à part les longues que-
stions qui se formēt sur ce sujet
des Sorciers, ne doutant point
qu'il n'y en ayt qui vsent de
malefices, & qui meritent de

grands chaſtimens ; pour dire
ſimplement que le procez ver-
bal, d'où Sandoual a extraict
cette belle narration, n'eſtoit
pas à mon auis fort authenti-
que.

En recompenſe de la perte Lib. 22.
du Duché de Milan vſurpé par c. 48.
les Eſpagnols, celui-cy donne
au dernier Duc François Sforce
vne glorieuſe extraction, le faiſant venir d'Enée, & de Mutius
Sceuola. Il eſt vray qu'il n'aſ-
ſeure pas cette genealogie, cõ-
me celle de la maiſon d'Autriche, ſ'en rapportant à ce qu'en
diſent quelques hiſtoires.

Ie veux remarquer ſon opi- Lib. 24.
nion touchant vne Eclypſe, & c. 11.
vne Comete, qu'il note auoir

predit la mort de l'Imperatrice.
Non pas que ie ne sçache assez
que de tres-grands autheurs
ont fait de semblables obseruations. Mais pour dire que ie
conseillerois tousiours à vn historien, d'estre fort reserué à
faire de ces iugemens des choses du Ciel, qui ont vn cours si
reglé, que comme les Astrolo-
gues preuoyent tous les iours
les eclypses futures, soit du Soleil, ou de la Lune, les Egyptiés,
& les Chaldeens annonçoient
de mesme anciennemét les Cometes qui deuoient paroistre, si
nous en croyons Diodore Sici-
lien. Cela soit dit sans penetrer
plus auant.

C'est vne chose insupportable

ble de voir ce qu'il dit d'vn
George Dauid , qu'il asseure $\quad$ Lib. 26.
s'estre fait seruir par les oiseaux, $\quad$ c. 5.
& par les bestes sauuages, qui
luy apportoient à manger ; ad-
joustant qu'il les faisoit parler
& respondre en toutes langues,
aussi à propos que si elles eussent eu l'vsage de la raison. Ie ne
sçay où estoit la sienne, ou ce
qu'il a creu de la nostre, la traittant si puerilement & si bestia-
lement.

Il n'est pas si reprehensible
sur le faict des Cometes, qu'en $\quad$ Lib. 29.
ce qu'il dit qui arriua au Soleil $\quad$ c. 11.
le iour de la bataille où Charles
quint prit le Duc de Saxe prisonnier. Car il asseure non seulement que le Soleil fut veu de

E

couleur de sang en France, &
en Piemont , aussi bien qu'en
Allemagne; mais mesmes qu'il
n'estoit pas si bas que le portoit
l'heure du iour en laquelle se
passoit le combat. De sorte que
voila , sinon vne retrograda-
tion du Soleil , comme celle
que Dieu permit en faueur du
Roy Ezechie , pour le moins
vne suspension de son cours
comparable à celle de Iosué lors
qu'il défit les cinq Roys Amor-
reens ; hormis que celle-cy ne
fut pas de si longue durée , &
hors la difference du texte de la
Bible à celuy de Sandoual, qui
s'est honteusement laissé em-
porter à la plus basse flatterie
des courtisansde Charles quint.

Or pour faire voir la fin de
cet Empereur aussi miraculeu-
se que sa vie, il fait venir vn Tom 2.
grãd oyseau du costé d'Orient, p. 835.
qu'on vit quelques iours apres
ses obseques sur la Chapelle du
Monastere de sainct Iuste; qui
est sans doute vn vray conte de
gruë, car comme il descrit cet
oyseau en sa grosseur & en son
plumage, c'en deuoit estre vne.
Si neantmoins il y a plus de rea-
lité en cette vision, qu'en vne
autre qu'il rapporte d'vn bon
homme Cordelier de Guathe- Tom 2.
mala aux Indes Occidentales, p. 856.
qui vit l'accusation intentée
contre Charles quint par les
diables, & puis son absolution
fondée sur ses bonnes inten-

E ij

tions, en confequence de quoy
Dieu le prit par la main, & le
mena prendre fa place en Pa-
radis.

Lib 15. Geogr.   Strabon fe moquât de quelques narrations incroyables qui
fe trouuoient dans les voyages
d'Alexandre efcrits par Onefi-
critus, dit que fans doute ce
grand Admiral eftoit meilleur
pilote qu'hiftorien. Sannazare
a efcrit depuis au mefme fens,
que Pogge Florentin s'eftoit
fait reconnoiftre meilleur cita-
din qu'hiftorien. Et ie croy
qu'apres le recit de tant de ba-
gatelles, & d'abfurditez, nous
pouuons bien repeter ce que
nous auons auancé dés le commencement, que noftre bon

Prelat sçauoit mieux sans doute les deuoirs de sa charge, que
ceux de l'histoire. Timée est
descrié par Polybe, cóme estant Excer.
plein de songes, de fables, de p. 56. Valet.
prodiges, & de superstitions;
luy qui estoit si aspre à reprendre les autres, qu'en changeant
son nom on l'appella Epitimée
à ce que dit Diodore. Mais ie Lib. 5.
ne croy pas que Sandoual luy
cede en rien de tout cela, &
c'est vne merueille qu'vn homme de sa condition, en vn tems
de si gráde literature que celuy
auquel il a escrit, s'en soit si peu
iudicieusement acquitté. Car
quand Gregoire de Tours a
remply son histoire de beaucoup de choses peu vray-sem-

E iij

blables (ie ne parle pas des mi-
racles que nous sommes obligez de croire) le bon tems où il
viuoit, & la barbarie de son siecle, l'ont excusé. Que si on veut
faire instance sur ce qu'assez de
bons autheurs, & Tite-Liue
mesme, nous ont donné quantité de prodiges & de choses
incroyables dans leurs liures.
Ie respons que ç'a tousiours esté
auec tant de temperament, que
l'on voyoit bien que c'estoit
plustost pour rapporter les vai-
nes creances, & les abus du
tems, que pour les faire croire.
Il ne faut que voir, pour iustifier cela, deux ou trois passages
de Tite-Liue en semblables
rencontres. Ayant descrit quel-

ques actions peu croyables des
ſoldats Romains dans ſa pre- Lib. 5.
miere Decade, il adjouſte auſſi
toſt, *Hæc ad oſtentationem ſcæ-*
næ gaudentis miraculis aptiora,
quam ad fidem, neque affirmare,
neque refellere operæpretium eſt.
Auant que de faire enumera-
tion dans la troiſieſme de beaucoup de prodiges qu'on diſoit Lib. 1.
eſtre arriuez, voicy de quelle
preface il ſe ſert, *Romæ autem*
& circa vrbem multa eâ hyeme
prodigia facta ; aut, quod eue-
nire ſolet motis ſemel in religio-
nem animis, multa nuntiata &
temerè credita ſunt. Et au liure
quatrieſme de la meſme Decade, *Prodigia eo anno multa nun-*
tiata ſunt, quæ quò magis crede-

E iiij

bant simplices ac religiosi homines,
eò etiam plura nuntiabantur. Ie
sçay bien que ce qu'il dit là au
mespris des ames simples & de-
uotes dans sa fausse Religion,
pourroit estre vne impieté dans
la nostre. Mais chacun peut iuger si ce que j'ay fait voir pour
eschantillon des contes ridicules & fabuleux de nostre historien, doit estre creu par obliga-
tion; & s'il n'est pas à souhaiter
que celuy qui se mesle d'escrire
l'histoire, soit plus iudicieux en
cette partie qu'il n'a esté.

Et pource qu'il n'est pas
moins ridicule aux grands aduantages qu'il donne par tout
à ceux de sa nation, par vne
partialité d'esprit qui doit estre

sur tout éuitée dans l'histoire,
ie noteray maintenant les lieux
de la sienne, où il me semble
auoir trop donné à l'excessiue
passion qu'il auoit pour son
païs.

l'ay leu dans quelques frag-
mens de Polybe, qu'vn historien pouuoit bien fauoriser vn
peu sa patrie dans ses escrits,
pourueu que ce fust sans pre-
judicier nötablement à la verité. Et quoy que l'exception
s'estende fort loing, & que
par exemple elle n'excuse
point Hector Boëce, quand
il ne veut pas que les Romains
ayent fait vne seule belle action
dans la grande Bretagne, ny
mesme les Anglois, que par l'en-

Excer.
Val. p.
71.

tremife de fes Efcoffois. Si eft-
ce que ie me fuis eftonné de
cette piece deftachée, comme
n'eftant pas bien conforme au
refte. Car le mefme Polybe dit
expreffement dans le premier
liure de fon hiftoire qu'encore
qu'vn homme de bien, confide-
ré fimplemét comme tel, puiffe
vfer de faueur vers fes amis &
fon païs; il n'en eft pas ainfi
quand il a pris la qualité d'hiftorien, eftant obligé lors d'ou-
blier toute forte d'amitié, &
toute autre confideration que
celle d'vne exacte verité, fans
laquelle il compare l'hiftoire à
vn animal qui a perdu les yeux,
& qui n'eft plus bon à rien.
C'eft pourquoy il reprend au

mesme lieu deux historiés fort
contraires en leurs narrations,
& qui ne conuenoient qu'en ce
poinct , d'estre l'vn & l'autre
trop partiaux pour leur nation.
Le premier est Philinus, qui
donnoit par tout le droict &
l'auantage aux Carthaginois ;
l'autre nommé Fabius mettoit
tousiours la force & la prudence du costé des Romains. Nous
voyons quasi toutes les histoires modernes pecher si notable-
ment en ce poinct, qu'elles me-
riteroient mieux le nom tantost d'Apologies pour les vns,
& tantost d'Inuectiues contre
les autres , que celuy qu'elles
portent. Car non seulement l'a-
mour de la patrie transporte

quaſi touſiours leurs autheurs,
mais, ce qui eſt moins excuſa-
ble, la contrarieté des factions
opere ſouuent le meſme effect,
& eſt cauſe qu'ils eſcriuent di-
uerſement, ſelon le party qu'ils
veulent faire preualoir. Ainſi
Auguſte accuſoit Tite-Liue
d'auoir fauoriſé les intereſts de
Pompée; & Dion eſt repris d'vn
autre coſté d'auoir eſté trop
pour le party de Ceſar. Il y en a
qui ont penſé pour cela, que
les eſtrangers, qui eſcriuoient
comme indifferés l'hiſtoire des
autres nations, eſtoient les plus
croyables. De ſorte qu'il ne faloit deferer ny à Philippes de
Commines, en ce qu'il diſoit à
l'auantage de Louys onzieſme

son maiſtre ; ~~ou~~ à Meyer, qui,
comme vaſſal de la maiſon de
Bourgongne, le traitte de Tyran. Mais qu'il ſ'en faloit rapporter à Paul Emile Italien, &
vray-ſemblablemét moins paſ-
ſionné que les autres. Surquoy
les Eſpagnols, qui ſont à priſer
d'aymer comme ils font gran-
dement leur païs, ſont auſſi à
mon auis le plus à blaſmer de
tous les hommes, non ſeulement pour eſcrire touſiours
auec plus de partialité que perſonne, comme nous l'allons
faire voir en celle de Sandoual;
mais encore pour ne vouloir
point conuenir d'arbitres, &
ne pouuoir ſouffrir que les autres nations qui ſont ſans inte-

reſt, parlent equitablement de
leurs affaires, où ils veulent
eſtre ſeuls iuges & parties.
Noſtre Eueſque ſe plaint en
mille lieux de Paul Ioue, comme s'il eſtoit quelque Moriſque
ennemy iuré de Caſtille; bien
qu'il fuſt penſionnaire de Charles quint, & ſuſpect à d'autres
pour cela. Carlos Coloma dit
dans le Prologue de ſon hiſtoire
des Pays-bas, qu'il ſe ſent obligé
de l'eſcrire, pource que Pompée Iuſtinien a donné dans la
ſienne, comme Italien, trop de
gloire à ceux de ſa nation, &
particulierement au Marquis
de Spinola; ſe plaignant de
meſme de Geronimo Franchi
Coneſtaggio, comme s'il auoit

fauorifé les Hollandois, en haine de ce qu'on n'auoit point reconnu en Efpagne fon excel-
lente piece de la conqueſte du
Portugal. Cabrera declare dans
la Preface de fon fixiefme liure
ce Coneſtaggio ennemy iuré
des Efpagnols; & le repete au
quatriefme chapitre du dixief-
me liure. En vn autre endroit
il trouue que le mefme Co- Cap.9.
neſtaggio n'a pas affez exalté
au fiege de Harlem la valeur
Efpagnole, & qu'il a eu grand
tort de nommer le fupplicé
des vaincus vne cruauté Nero-
nienne. Il eſt blafmé ailleurs
d'auoir admiré la refolution des
Hollandois à inonder leur pays Cap.11.
par la rupture des digues pour

secourir Leyden; & vne autre
fois il ne deuoit pas auoir dit
Lib.II.
c.7. que les Efpagnols mutinez d'A-
loft fuffent accourus à Anuers
fur l'efperáce qu'elle feroit pil-
lée, mais que le feul zele du fer-
uice de Dieu, & de leur Roy,
les y auoit fait venir. Bref il
eftoit obligé de faire paffer
pour honorable le plus traiftre
& le plus inhumain fac de ville
dont on oüit iamais parler, puis
que les Efpagnols l'auoient
executé. Or pource qu'aucun
d'eux ne pouuoit nier que Co-
neftaggio n'euft tres-bien re-
prefenté la conquefte du Portugal, & mefme à leur auantage; eftant fur cela difficile de
faire croire qu'il luy ait peû fi
mal

mal reüſſir ailleurs comme ils pretendent, & eſtre ſi diſſemblable à luy-meſme. Ils ſe ſont auiſez d'eſcrire, outre le reproche de ſon meſcontentement dont nous venons de parler, que ſa premiere hiſtoire du Portugal n'eſtoit pas de ſa façon, & qu'il n'auoit fait qu'y preſter ſon nom. Dom Ioan de Sylua, diſent-ils, Comte de Port-alegre, qui auoit accompagné le Roy Sebaſtien en ſon malheureux voyage d'Affrique, comme Ambaſſadeur de Philippes ſecond, & ainſi fort entendu aux affaires, eſt le vray autheur de l'ouurage ; mais pour de certains reſpects il le mit entre les mains de Coneſtaggio, pour le publier ſous ſon nom.

Auuert. ſopra l'Hi. di Coneſt.

F

ſtaggio, & trouua bon qu'il le
fiſt imprimer comme ſien. Voila iuſques où a paſſé leur ani-
moſité contre ce Genéuois,
pour ne les auoir pas contentez en ſon dernier trauail ; luy
imputant la ſuppoſition d'vn
enfant ſpirituel, qui a eſté trouué ſi beau de tout le monde,
que iamais ils ne feront croire
qu'vn vray pere l'euſt ainſi voulu abandonner à vn autre. Mais
ce n'eſt pas grande merueille
que les Eſpagnols ſe plaignent
de la plume des Italiens, qu'ils
ont creu n'auoir pas eſté aſſez
paſſionnez pour leurs intereſts,
puis qu'ils ont bien eſté ſi in-
grats que de ſe plaindre de l'eſpée de leurs Generaux, & d'ac-

cuſer de perfidie le Duc de Par- Tom.2.
l.8.c.7.
me , mort à leur ſeruice aagé
de quarante-ſix ans ſeulement.
Ce Prince, dit Herrera, ſuiuoit
comme Italien la raiſon d'Eſtat,
& ne faiſoit pas ce qu'il pouuoit contre les Hollandois,
eſtant d'ailleurs porté à en vſer
ainſi par le conſeil de ſes confi-
dens, peu affectionnez à la couronne d'Eſpagne. Il n'y aura
gueres de perſonnes qui liſent
cela, ſans tomber dans les ſou-
pçons qui furent grands à la
mort de ce Prince, que quelque cauſe plus violente que les
eaux de Spas, à qui Herrera attribuë ſa mort, luy en auoit peû
auancer l'heure. Quoy qu'il en
ſoit ie reuiens là, que les Eſpa-
F ij

gnols veulent eſtre ſeuls iuges
de leurs actions, & qu'en cela
ils ſont les plus injuſtes gens du
monde, comme Sandoual le
plus ridicule, de vouloir donner l'auantage en toutes choſes
aux Eſpagnols, & de les deſcharger touſiours du blaſme
qu'ils peuuent meriter. En voicy des preuues.

Quand ils ont eu la fortune
ſi fauorable, que de faire vn
Roy de France priſonnier deuant Pauie, ils ne peuuent ſouffrir que perſonne prenne part
à leur gloire, & ils attribuent
tout l'honneur de la iournée au
Marquis de Peſcare, à cauſe
qu'il eſtoit de race Eſpagnole.
Et bien que chacun ſçache que

Charles de Bourbon y eſtoit
Lieutenant general de l'Empereur, & qu'apres luy, qui fut
plus que perſonne cauſe du ſuc-
cez, le Viceroy de Naples Charles de Lanoy y eut le principal
commandement, ils ne les con-
ſiderét pas. Sandoual fait com-
paroiſtre ſur le champ de bataille vn ſimple ſoldat Eſpa- Lib. 12.
gnol, qui preſente au Roy Fran- c. 31.
çois vne bale d'or, dont il luy
dit qu'il auoit eu deſſein de le
tuer. Bref les Eſpagnols non
contens des auantages qu'ils ti-
rerent par force de ce priſonnier, triomphent inſolemment
de paroles, & nous font dire
auec verité, que nous auons re-
tiré plus humainement en tou-

F iij

tes façons nos Roys des mains
des infideles, que des leurs. Si
est-ce qu'on peut maintenir,
ce me semble, qu'il y a plus
d'honneur à François premier
d'auoir esté fait prisonnier de
guerre combattant vaillam-
ment comme il fit, qu'à Charles quint d'auoir obtenu cette
victoire par ses Lieutenans, cependant qu'il trembloit les fie-
ures quartes dans Madrid, se
seruant d'vn François desnatu-
ré, & d'vn subject reuolté contre son Prince.

Mais lors qu'vn peu apres le
mesme corps d'armée, conduit
par le mesme chef, va saccager
Rome, profaner tout ce qu'elle
a de plus sainct, & arrester pri-

sonnier le Vicaire de Iesus-
Chrift en terre; ce Charles de
Bourbon, qui n'eftoit à leur
dire qu'vn Lieutenant de nom,
& fans pouuoir à la iournée de
Pauie, eft le feul qui commande à la prife de Rome, les Efpagnols ne le fuiuent & ne luy
obeyffent que par force, & le
Prince d'Oranges qui luy fuc-
ceda, permit à leur grand re-
gret tous les defordres qui arri-
uerent. C'eft ainfi qu'ils pen-
fent efloigner d'eux tout ce
qu'il y a d'odieux, donner le
blafme aux autres, & fe referuer par preciput la gloire en
partage. Mais chacun fçait côme cette action fe paffa au grâd
fcandale de toute la Chreftien-

F iiij

té ; & beaucoup ont creu que Bourbon fut tué par les Espagnols mesmes, tant de ialousie qu'ils auoient de luy , qu'afin que rien ne les empeschast d'executer ce qu'ils firent. Trois Cardinaux furent d'abord mis à mort, Orsino, Cesis, & Santi-quatro ; Clement septiesme auec le reste du sacré College se vit assiegé dans le chasteau sainct Ange ; & huict iours durant Rome souffrit en toutes ses parties, sans distinguer le sacré du profane, plus qu'elle n'a iamais fait en toutes ses prises. Si est-ce que Sandoual se contente de nommer cela, *obra no santa,* quoy qu'il auouë le meurtre de cinq mil citoyens Romains, &

qu'il se commit plus d'abomi-
nations qu'il n'en peut escrire.
Mais il rejette cela sur les Allemans , & sur les mauuaises &
ambitieuses côditions du Pape,
car c'est ainsi qu'il parle, qui fu-
rét cause de tous ces malheurs.
Ce qui rend l'affaire plus noire,
c'est que le Viceroy de Naples
l'auoit endormy par vne trefue
de huict mois qu'ils venoient
de signer, lors que sa Saincteté
fut prise de la sorte. Le Marquis
du Guast, Ferrand d'Alarcon, &
le Viceroy ne laisserét pas d'ac-
courir de Naples à Rome côme
à des nopces preparées. Ils firent payer d'abord quatre cens
mil ducats au Pape pour la sol-
de de l'armée. Ils l'obligerent

en suitte de leur mettre entre
les mains les chasteaux de S.
Ange, d'Ostie, & de Ciuita
Vecchia. Et finalement le mettant en la garde d'Alarcon, ils
le tinrent sept mois prisonnier
à Rome, & puis à Gaïette pour
plus grande asseurance ; auec
beaucoup d'honneur & de respect pourtant, si nous en croyós
noftre historien. Guichardin
asseure que Charles quint voulut faire transporter sa Saincteté en Espagne, comme il auoit
fait François premier, pour
triompher du ciel auffi bien
que de la terre. Mais il n'en faut
rien croire puis que les Espagnols le nient, & qu'ils nous
font voir là deffus cet Empe-

Hist.
l. 18.

reur en dueil, Madrid plein de
proceſſions pour le bien de l'E-
gliſe, & le ſon des cloches de-
fendu pour teſmoignage du
deſplaiſir qu'on auoit de ce qui
s'eſtoit paſſé. Et neantmoins,
comme repartit à cela le Roy
Frãçois à l'Ambaſſadeur Gran- Sãdou.
uelle, quelle apparence y a-t'il l.16.
que l'Empereur ignoraſt, com-
me il vouloit faire croire, le
traittement que faiſoient ſes
gens à noſtre ſainct Pere pendant vne ſi longue priſon,
n'ayant d'ailleurs iamais chaſtié
aucune de leurs mauuaiſes
actions? C'eſt bien ſe moquer
de Dieu & des hommes, &
nous faire voir que ce qu'on a
touſiours dit des Eſpagnols eſt

veritable, Qu'ils ont la voix de Iacob, & les mains d'Esaü, ou, selon leur façon de parler, *la cruz en los pechos, y el diablo en los hechos.*

Voyons si Sandoual est plus equitable vers ceux du nouueau monde, & considerons sa description de la conqueste du Perou. Il se donne vne peine si ridicule à iustifier le droict des Espagnols, & à exalter leurs proüesses, que c'est peut-estre vne des plus bouffones pieces qui se voye dans aucune histoire. Quant au droict, à moins d'estre bien austere, on ne s'empeschera pas de rire voyant la belle harangue qu'il fait prononcer à vn Valuerde Euesque

Li. 13. c. 30.

Dominicain, pour perſuader le pauure Atabalipa de ceder ſon Royaume à ces nouueaux ve-nus. Il luy parle en deux mots de la Trinité, de l'Incarnation du Verbe, de la Paſſion du Fils de Dieu, & de ce qu'il y a de plus myſterieux en noſtre Re-ligion, pour venir à ce que le Pape, qui eſt Lieutenant de ce Dieu en terre, auoit fait preſent à l'Empereur leur maiſtre de tout le Perou, & partant qu'il faloit qu'il luy quitaſt ſon Eſtat, & ſe fiſt Chreſtien. Atabalipa reſpond, qu'il tient ſon Empire de ſes predeceſſeurs, qu'il n'a iamais reconnu de ſuperieur en terre, que le Pape dont on luy parle deuoit eſtre vn homme

bien fol, *deuia de fer loco*, de
donner ce qui ne luy apparte-
noit pas, & qu'il n'eſt pas reſolu
de quitter ſa Religiõ qu'il croit
bonne pour vne autre, ny d'a-
dorer vn Dieu mort, au lieu du
Soleil qui ne meurt iamais. Sur
cela Valuerde luy preſente ſon
breuiaire, l'aſſeurant que ce liure enſeignoit la verité de tout
ce qu'il luy auoit dit. Atabalipa
le prent n'en ayant iamais veu,
& comme il reconnut que le
liure ne parloit point, ſe croyãt
moqué, le iette par terre. Il n'en
faloit pas dauantage, l'Eueſque
crie vengeance aux Eſpagnols
qui n'attendoient que le ſignal,
ils font main baſſe, tuent ſans
reſiſtance tout ce qu'ils trou-

uent d'Indiens, & Pizarre fait
de sa main prisonnier ce grand
Monarque. Sandoual trouue
l'action si belle, que c'est le lieu
de son histoire où il paroist le
plus pathetique, rapportant les
propres paroles du Dominicain, *Los Euangelios por tierra
Christianos, iusticia de Dios,
vengança, Christianos vengança, a ellos a ellos, que menospre-
cian, y no quieren recebir nue-
stra ley, ny ser nuestros amigos.*
Ie recognois que la response
d'Atabalipa estoit pleine d'impieté enuers Dieu, nostre Religion, & le chef visible de l'E-
glise. Mais que pouuoit-on attendre autre chose d'vn pauure
Gentil, dépourueu de la grace

diuine, qui ne parloit que selon
son sens naturel, & qui n'auoit
iamais ouy les propos de l'E-
uangile , qu'à l'instant mesme
qu'en les luy annonçant on luy
tenoit le poignard sur la gorge.
Est-ce ainsi que les Apostres la
publioient de leur tems ? ga-
gnoient-ils les Payens de la façon ? traittoient-ils de la sorte
leurs Neophytes ? Car Sandoual auoüe que ce miserable
Inga ayant en fin receu le ba-
ptesme , les Espagnols ne laisserent pas de le pendre publique-
ment , auec tant d'injustice &
d'inhumanité , que tous ceux
qui s'en meslerent perirent depuis miserablemét. Voila neát-
moins le droict des Espagnols
estably ;

estably ; & quant à l'action,
voicy comme il l'enlumine des
plus belles couleurs de sa rhetorique. *Acontecio esta admira-*
ble hazaña en el año de mil y
quinientos y treinta y tres. Fue
vna de las mayores y mas im-
portantes cosas que iamas Capi-
tan hizo en el mundo, &c. Il
faut aoüer que la resolution
fut grande de ceux qui firent
les premieres descentes dans ce
nouueau monde. I'en donne
mesme la gloire aux Espa-
gnols, encore que Christophle
Colomb, qui les y mena, fust
de Genes ; Americ Vespuce,
qui donna le nom au pays, de
Florence ; & que nos François
mesmes ayent droict de la par-

G

tager auec eux. Mais ie fouſtiés
que cette expedition du Perou,
dont parle noſtre hiſtorien, n'a
rien de la grandeur qu'il luy
donne, & qu'elle n'eſt pas plus
admirable, comme il l'appelle,
que nous l'auons fait voir iuſte.
Qui conſiderera la nudité, &
l'eſtat d'innocence où furent
trouuez ces Indiens; qu'ils n'a-
uoient iamais veu de cheuaux,
ny de Centaures, tels que leur
parurent les Eſpagnols ; qu'ils
les croyoient inuulnerables
dans leurs armes de fer; & beaucoup d'autres telles circonſtan-
ces dont parle cette hiſtoire, il
ne ſ'eſtonnera pas beaucoup
d'vne conqueſte ſi facile. C'eſt
choſe certaine qu'ils penſoient

que les pierres ſeruiſſent de pa-
ſture , & le ſang de boiſſon aux
Eſpagnols , ſur ce qu'ils man-
geoient du biſcuit , & beu-
uoient du vin clairet . On a
meſmes eſcrit qu'ils furent pris
pour des Dieux qui diſpoſoient
du tonnerre , à cauſe de leurs
canons ; & que leur nauire paſſa pour vn grand oyſeau, dont
ils ſ'eſtoient ſeruis pour deſcendre du ciel en terre. Or pour
monſtrer qu'il ne faloit qu'oſer
& entreprédre en cela , voyons
quels eſtoient les Almagres, & Sand.
les Pizarres , ces grands con- liu. 13.
querans du Perou. Almagre ch. dernier.
portoit le nom de ſon village;
il eſtoit de ſi bas lieu, que iamais on ne peût ſçauoir qui

G ij

estoit son pere ; &, ce qui n'est pas mal plaisant, Sandoual reconnoist qu'on le tenoit pour Prestre, encore qu'il ne sceust ny lire ny escrire. Auec ces bonnes qualitez il passa aux Indes, où il amassa quelqu'argent, & cela luy donna moyen de se joindre auec Pizarre, & vn maistre d'Eschole de Panama, pour l'entreprise du Perou. Quant à Pizarre c'estoit vn bâtard, exposé par sa mere à la porte de l'Eglise, & qui gardoit les pourceaux au village de Truxillo, depuis que son pere le Capitaine Gonçale Pizarre l'eut auoüé pour son fils naturel. Il luy arriua d'en égarer quelqu'vn, & n'osant pour ce

ſujet retourner chez ſon pere,
il ſ'enfuit à Seuille, & de là aux
Indes. Iamais il ne ſceut lire
non plus que ſon compagnon,
ce qui n'empeſcha pas qu'au
dire de Sandoual il ne deuinſt
le plus riche homme particulier qui ait iamais eſté au monde. L'enqueſte en ſeroit difficile à faire, i'ayme mieux l'en
croire de courtoiſie, pourueu
qu'il ne le face point paſſer en
ſuitte pour le plus grãd de tous
les Capitaines, & les Eſpagnols
qui le ſuiuirent pour les plus
vaillans ſoldats qui furent iamais. Car c'eſt en cela que ſon
hiſtoire eſt vicieuſe, comme
au reſte que nous allons voir.

Ie ne m'accorde pas auec

ceux qui ont voulu traitter ſi
rigoureuſement les hiſtoriens,
que de ne leur pas permettre
d'vſer d'aucune comparaiſon.
Caſteluetro me ſemble iniuſte
ſur cela entre les Italiens ; &
pour moy qui voy auec plaiſir
des comparaiſons dans Polybe,
& dans d'autres hiſtoriens de la
premiere claſſe comme luy, ie
m'empeſcheray bié de les condamner ſi abſolument. Mais
comme Denys d'Halycarnaſſe
reprent ces comparaiſons en
Theopompe, pource qu'il ſ'en
ſeruoit hors de propos ; ie blaſme noſtre Chroniqueur , tant
de ce qu'il en a mal vſé comme
Theopompe, que de ce qu'il en
a fait les plus impertinentes

qu'on se peut imaginer au sujet
dont nous parlons, ie veux dire pour faire valoir les Espagnols plus que tout le reste des
hómes. I'en rapporteray quel-
ques-vnes des plus courtes, afin
qu'on ne pése pas que ie luy im-
pose, & ie laisseray les plus longues cóme trop ennuyeuses, &
moins à nostre propos. Parlant
de la prise de Duren par Charles quint, il fait qu'vn Capi- Lib. 25.
taine s'excuse d'auoir tenu con- c. 37.
tre vne si grande armée, sur ce
que ceux de la place pensoient
n'auoir à faire qu'à des Allemãs,
qui ne l'eussent pas prise de
deux ans, & auoient ignoré
iusques là ce que c'estoit de
combattre contre des Espa-
G iiij

gnols. Il dit en fuitte que la terreur qu'ils donnerent à tout le païs fut merueilleufe, quand on les vit grimper contre les plus hauts murs, & les plus vnis. Car on penfoit, dit-il, qu'ils euffent des ongles à grauir comme des chats, & des dents comme des griffons, dont ils mettoient le monde en pieces. Ce n'eft rien qui ne voit le texte. *Fue grande el miedo que aquellas gentes començaron a tener a los Eſpañoles, porque como los veyan trepar por las paredes liſas, y por vna delgada pica ponerſe en el muro alto, y hazer pedaços los hombres, penſauan que tenian vñas como gatos para ſubir las cercas, y dientes de Gri*

fos con que deſtroçauan las gen-
tes.   Le Capitan Matamoros
n'en a gueres dit dauantage ſur
le Theatre. A la priſe de Te- ⟨Lib. 31. c. 40.⟩
roüenne que les Eſpagnols eſca-
laderent pendant qu'on parle-
mentoit , il dit qu'ils volerent
ſur les murailles comme des
oyſeaux les plus viſtes & les
plus forts d'aiſles qu'on voye,
encore qu'il reconnoiſſe que ce
fut auec des eſchelles , qui eſt
vne façon de voler bien nouuelle. Bref en mille lieux de
ſon hiſtoire les Eſpagnols ſont
des lyons, & tout y eſt plein de
ces comparaiſons chimeriques.
Homere ſe contente de repreſenter dans ſon Iliade l'opi- ⟨λ.l.11.⟩
niaſtreté d'Ajax Telamonien

 DISCOVRS

aux combats , par celle d'vn
afne qu'on ne peut chaffer d'vn
bled ; mais Sandoual ne trouue
que les griphons, les aigles, &
les lyons , à qui il puiffe bien
comparer fes foldats Efpagnols.

Encore ne luy eft-ce pas affez
de les auoir fait voler , & de les
auoir rendus fi terribles fur terre ; il leur fait executer à nage
comme à des Tritons, ce qui ne
pouuoit eftre imaginé que par
luy. C'eft où il defcrit le combat des Imperiaux contre les
Saxons au paflage de l'Elbe,
auant la bataille où l'Electeur
de Saxe fut pris prifonnier,
pour s'eftre amufé à ouyr le
prefche dans Mulberg , au lieu

de donner ordre au combat. Il
conte donc que l'Empereur se
trouuant court de batteaux,
pour dreſſer le pont où il vouloit faire paſſer ſon armée, dix
Eſpagnols ſe ietterent à la nage
l'eſpée au trauers de la bouche,
pour aller prendre les vaiſſeaux
des ennemis, qui les faiſoient
deſcendre ayant rompu leur
pont, par la crainte de ce qui
arriua. Mais que nonobſtant
toute la mouſqueterie des Saxons, qui bordoient vn des cô-
tez de la riuiere, & la reſiſtance
de ceux qui conduiſoient les
vaiſſeaux, ces dix Eſpagnols les
tuerent tous, & amenerent en
triomphe les batteaux à leur
bord. La plus grande partie de

Liu. 29. c. 15.

cette narration eſt veritable,
Sleidan auoüant que quelques
Eſpagnols paſſerent, ainſi que
nous venons de dire, nageans
l'eſpée en bouche, vers des vaiſſeaux qui deſcendoient vuides
au fil de l'eau, *ſecundo flumine,*
porte ſon texte, le reſte du pont
Saxon ayant eſté bruſlé; &
qu'encore que leurs ennemis ti-
raſſent de terre ferme ſur eux,
ils ne laiſſerent pas de venir à
bout de leur entrepriſe, arreſtât
ces vaiſſeaux flottans d'eux-
meſmes, & les amenant de leur
coſté, *Siſtunt, & licet multis pe-*
terentur telis, adducunt. Cette
action militaire eſt fort belle en
ſoy, & ie veux bien croire que
Charles quint la recompenſa

comme dit Sandoual, d'vn ha- Li. 25.
bit de veloux, auec trente escus c. 27.
à chacun de ces soldats ; quoy
que j'aye bonne memoire que
Badoaro, Ambassadeur Veni-
tien pres de luy, asseure dans sa
Relation, qu'ils n'eurent que
quatre escus par teste, donnant
cet exemple auec quelques autres pour prouuer que ce Prince n'estoit nullement liberal.
Tant y a que pour auoir voulu
encherir sur ce qu'il y auoit de
vray, Sandoual l'a renduë toute
fabuleuse, n'y ayant personne
qui ne iuge bien, que le moindre garçon marinier est capable de defendre son vaisseau
contre vn homme à nage, & de
noyer auec son auiron le plus

vaillant soldat du monde, qui
ne tient son espée qu'auec les
dents.

Il y a des pieces sans nombre
de cette nature dans son histoire. Lors que Charles quint s'a-
musoit à faire la guerre au Duc
de Gueldres en 1543. pource
qu'il s'estoit allié des François,
il luy vint nouuelle d'Italie que
Barberousse auoit cependant
enleué Nice ; & de Hongrie
que les Turcs auoient pris ce
qu'il nomme improprement les
sept Eglises , au lieu de dire la
ville appellée les cinq Eglises;
auec celle de Gran ou Strigo-
nie la plus importante place du
pays. On adjoustoit qu'ils al-
loient mettre le siege deuant

AlbeRoyale. Mais l'Empereur,
dit Sandoual, eſtoit tout aſſeu-
ré de cette ville-là, il ſçauoit
bien que les Turcs n'auoient
garde de la prendre, puis qu'il y
auoit cinquante Eſpagnols dedans. Voila en verité vne mer-
ueilleuſe confiance & tout à
fait Eſpagnole, de ne rien craindre des armées de quatre &
cinq cens mil hommes, comme
ſont ordinairement celles du
grand Seigneur, pourueu qu'v-
ne grande & capitale ville comme eſt Albe Royale, ſoit gar-
déepar cinquante ſoldats Eſpagnols.

Si ce n'eſt que vous les pre-
niez pour autant de Generaux,
qui ne vont gueres que bien

accompagnez. Car il me fou-
uient que noſtre bon Eueſque
fait cette belle remarque en vn
autre endroit, au ſujet du Duc
d'Albuquerque, qui fut em-
ployé au ſeruice des Anglois,
que comme l'Italie donne les
bons Eſcuyers, l'Eſpagne four-
nit le monde de Generaux d'armée.

C'eſt auſſi pourquoy ils ſont
ſi reſpectez par tout, qu'en
1544. à la Diete de Spire, ſelon
le meſme texte, les Allemans,
quoy que tres-ſuperbes de leur
naturel, ſalüoient le moindre
Eſpagnol les premiers, & luy
donnoient le haut du paué, lors
meſme que l'Eſpagnol eſtoit à
cheual, & qu'il eſtoit rencontré
par

par les plus grands Seigneurs,
qui le laiſſoient ainſi paſſer par
reſpect. Les paroles de l'autheur
ſont encore plus ridicules que
les miennes. *Si topauan con vn
Eſpañol de mediano talle, ſe deſ-
bonetauan quantos le veyan, ſi
bien fueſſen Tudeſcos principales, y ſe apartauan para dar lu-
gar que paſſaſſe, aunque el Eſpañol fueſſe a cauallo.* Ce ſont de
belles obſeruations, bien vray-
ſemblables, & tres-importan-
tes à l'hiſtoire.

Car encore que quand il parle de l'émotion de ceux de Siene contre les Eſpagnols en 1552.
il confeſſe qu'ils ſont hays de
toutes les autres nations, ce
n'eſt, comme il dit, qu'vne mar- Li. 3.
c. 19.

H

que tres-certaine de leur emi-
nente vertu. Il me semble auoir
ouy dire au Capitan de la Co-
medie, selon la mesme pensée,
que cette haine venoit du commandement qu'ils ont sur le reste des hommes. Ce qui n'empesche pas que leur vertu toute
enuiée qu'elle est, ne se face encore respecter.

    Aussi voyons-nous dans cet-
te histoire que le Capitaine
Bayard blessé à mort par les Espagnols, à la défaite de l'Admiral Boniuet en 1524. se console
de l'auoir receuë par la main de
la meilleure nation du monde.
Ce sont les propres mots de
Sandoual, que ie ne m'amuse-
ray pas à exaggerer plus au lóg,

Li. II.
c. 22.

non plus qu'à en rapporter dauantage, pour prouuer qu'il a parlé par tout auec trop de vanité, & de partialité en faueur de ceux de son pays; craignant plutost d'auoir esté excessif que defectueux aux preuues que j'en ay données. Mais ie remarqueray bien icy comme chose tres-importante, qu'il n'a pas dit tout ce qu'il deuoit en parlant de la fin de ce Cheualier sans reproche, ce qui est vn defaut qui approche du crime en ceux qui se meslent d'escrire l'histoire. C'est pourquoy Herodote est accusé de malignité par Plutarque, d'auoir parlé de Pittacus, sans rapporter la plus belle de ses actions, lors qu'il se

Tr. cõtre Hérod.

H ij

batit en duel pour la gloire de
son pays contre vn Capitaine
Athenien, & que n'ayant pas la
grãdeur, ny les forces du corps
de son costé, il eut recours à
celles de l'esprit, embarassant
son ennemy dans des filets, où
il eut moyen de luy oster l'hon-
neur&la vie. Et Plutarque veut
encore que la mesme passion
ayt esté cause que cet historien,
qui parle bien du bassin dont
Amasis se seruoit à lauer ses
pieds, & qui s'amuse à quantité
de choses aussi basses, supprime
neantmoins les belles actions
de Leonidas, & ne dise pas
beaucoup d'exploicts qui furent glorieusement executez
par les Spartiates dans la valée

des Thermopyles. Ie fçay bien
que noftre humanité nous ex-
cufe fi nous ne fçauons pas tout,
& que pour cela on ne trouue
pas eftrange de voir quelquefois des chofes dans vn autheur,
qui manquent dans vn autre
qui a traïtté la mefme matiere.
Il y a des obmiffions de confequence dans Tite-Liue qui fe
peuuent fort bien fuppleer par
ce qu'efcrit Appian fur le mefme fujet. Mais ie fouftiens que
quand vn hiftorien entame
quelque action qu'il croit meriter d'auoir lieu dans fon ouurage, il ne luy eft pas permis
de la donner imparfaite, ny d'en
retrenche vne partie effentiel-
le, que vray-femblablement il

n'a pas ignorée, ou qu'il a deû
sçauoir auant que de l'entreprendre. Cela s'appelle preua-
rication en termes de Iurifpru-
dence, qui peuuent eftre tranf-
portez icy, & ie croy que celuy
qui déguife lors la verité en taifant ce qui eft à dire, ne fera pas
grande difficulté d'auancer vne
autre fois le menfonge. Or Sandoual n'a peû fçauoir la fin ge-
nereufe du Cheualier Bayard
qu'il a creu deuoir inferer dans
fa narration, fans en auoir ap-
pris des particularitez plus con-
fiderables que celles qu'il met.
Il ne l'a peû lire dans pas vn hiftorien de confideration, où il
n'ayt veu côme fe fentant bleffé
à mort, il fe fit mettre au pied

Mem.
du Bell.
li. 2.
Bou-
chet an-
nal.
d'Aqu.
Serres
hift. de
Franc.
&c.

d'vn arbre, commandant qu'on
luy tournaft le vifage vers l'ennemy à qui il n'auoit iamais
monftré le dos. Il n'a peû man-
quer d'y apprendre comme le
Duc de Bourbon qui le trouua
en cet eftat, luy ayant dit qu'il
luy faifoit pitié, eut pour ré-
ponfe qu'il n'en faloit point
auoir de celuy qui mouroit
glorieufement, & en homme
de bien, mais bien de ceux qui
combattoient honteufement
contre leur Roy, leur patrie, &
leur ferment. Ces chofes eftoiét
bien plus d'inftruction, & plus
dignes de l'hiftoire, que de luy
faire prononcer, apparemment
contre toute verité, qu'il mouroit content d'auoir efté tué par

H iiij

la plus vaillâte nation du monde. C'eſt luy donner la mort
vne feconde fois , de luy faire
tenir ce langage; c'eſt deſdorer
toute ſa vie, pour vſer du terme
Eſpagnol, de le faire ſi mal finir; & c'eſt trahir ſa reputation,
auſſi bien que la fidelité de l'hiſtoire , de ſupprimer les dernie-
res paroles de ce grand Capitaine , qui ſont ſi remarquables,
pour le faire parler auec indi-
gnité à l'honneur de ceux qu'il
n'auoit iamais eſtimez. Mais
quoy? il n'y a rien ſi difficile à
vn hiſtorien Eſpagnol que de
dire ce qui eſt à l'auantage des
François; & Sandoual qui vouloit triompher de la mort de
Bayard , n'a peû contraindre

ſon genie iuſques à ce point, de rapporter l'action entiere, & d'eſcrire ce qui ne luy plaiſoit pas. Il a meſmes teû le prouerbe de ſon pays, qui fut fait alors par vne alluſion gentile ſur le nom de ce Cheualier ſans peur, *Muchos griſones, y pocos bayardos*, tant il auoit peur de preiudicier à la gloire de Caſtille. Ie pourrois monſtrer la meſme choſe en la pluſpart des autheurs Eſpagnols, cóme quand Herrera conte la priſe de Iauarin en 1598. ſur les Turcs, ſans dire vn ſeul mot de Monſieur de Vaubecourt qui planta trois petards, dont les Turcs auoient iuſques là ignoré l'vſage, & contribua plus que perſonne à

Tom. 3.
l. 15. c. 1.

Matth.
hiſt.
d'Héry
4. l. 1.

cette belle execution. Mais la
chose iroit à l'infiny , & puis
que nous n'auons entrepris d'e-
xaminer principalement que
Sandoual , contentons-nous de
ce que nous auons dit des fautes que sa trop grande passion
pour sa patrie luy a fait faire; &
en considerons quelques autres
où il est tombé , pour auoir
voulu mettre tousiours le bon
droict du costé de Charles
quint.

Beaucoup d'autheurs tant
anciens que modernes, ont esté
mes-estimez d'auoir si excessi-
uement loüé des Princes, qu'ils
sont tombez dans vne lasche
flatterie, & ont dressé des pa-
negyriques de ces Heros pre-

tendus, au lieu de l'histoire veritable de leur vie qu'on se pro-
mettoit. Ainsi Procope est tou-
jours sur les loüanges de Beli-
saire; Eusebe admire par tout
son Constantin; Eginard tes-
moigne la mesme passion pour
Charlemagne; & Paul Ioue a
esté trouué insupportable parlant de Cosme de Medicis. Ie
ne dis rien du Cyrus de Xeno-
phon, ny de l'Apollonius de
Philostrate, pource que ce sont
pieces qui ne trompent point
le lecteur, ayant esté faites expres pour former des idées en
l'air, & ne passant que pour des
Romans, où personne ne pre-
tent s'instruire de la verité.
Diodore reproche à Callias Sy-

Excer.
Conſt.
exDiod.
p. 259.

racuſain, qu'à cauſe des bien-
faicts qu'il auoit receus d'Aga-
thocles, il vouloit iuſtifier toutes ſes actions ; au contraire de
Timée , qui pour auoir eſté
banny de Sicile par ce Prince,
le condamnoit ſur tout, dreſ-
ſant autant d'inuectiues mal à
propos, que Callias d'apologies.
Mais ie ne penſe pas qu'aucun
hiſtorien ait plus peché en cette partie que noſtre Chroniqueur à l'eſgard de ſon Charles
quint, ce que ie vay faire voir
par quelques obſeruatiós, bien
que tout ſon ouurage ne mon-
tre autre choſe.

Ie ſerois pourtant bien faſ-
ché qu'on creuſt que ie n'eſti-
maſſe autant que ie dois la ver-

tu de ce Monarque, & les rares
qualitez tant naturelles qu'ac-
quifes, qui paroiffoient en luy.
Il eftoit d'agreable prefence,
vaillant de fa perfonne, ma-
gnanime en fes entreprifes, &
il auoit fans doute de fort bons
mouuemés pour la Religió. Mais
il peut eftre arriué quelquefois
que pour faire la fonction de
grand Prince dont il eftoit fort
ambitieux, il fe foit vn peu dif-
penfé des loix de la pieté; &
que les interefts de la terre
l'ayent en quelque forte effoi-
gné de ceux du ciel, au grand
preiudice fans doute de la Chre-
ftienté. C'eft pourquoy perfonne n'euft trouué mauuais
que fon hiftoire euft parlé de

luy comme d'vn tres-grand
Potentat , pourueu que d'vn
autre cofté elle euft reconnu
fes petits defauts ainfi que la
raifon le vouloit ; & que pour
mettre toufiours l'equité de
fon cofté , elle n'euft point fi
fouuent intereffé le bon droict
de fes parties aduerfes. Car Sandoual le pouuoit bien recommander de ce genereux courage qu'il a fait paroiftre en
tant d'expeditions militaires.
Il l'a deû reprefenter en perfonne dans les hazards de la
guerre, & notamment deuant
Tunis, auancé iufques dans l'a-
uant-garde , où portoit l'artil-
lerie de Barberouffe. Et ie trouue qu'il a bien fait de nous don-

Lib. 22.
c. 37.

ner ſa repartie au Marquis du
Guaſt, qui le preſſoit de ſe retirer d'vn lieu ſi perilleux que
celuy-là, luy faiſant dire de fort
bóne grace, en ſe retirant pourtant, que iamais Empereur n'a-
uoit eſté tué de coup de canon.
Mais ie voudrois qu'il recon-
nuſt en ſuitte comme les paſſions de cet Empereur luy ont
fait ſouuent occuper ſes forces
& ſa valeur contre des Princes
Chreſtiés, qu'il deuoit pluſtoſt
employer contre les Infideles.
Ie ſouhaiterois qu'il auoüaſt
franchement combien eſtoit
grande la ialouſie qu'il portoit
à François premier.   Et qu'à
l'exemple de Polybe , de Q.
Curce , & de Plutarque , qui

ont dit le bien & le mal des Cesars, des Alexandres, & des Scipions, il touchast au moins legerement les vices, aussi bien qu'il exaggere les vertus de son Heros. Du reste ie ne considere iamais les belles actions de sa vie, ses grandes victoires, le grand nombre de ses voyages, & cette merueilleuse promptitude auec laquelle il executoit ses desseins, que ie ne tombe en vne singuliere admiration. Il fut neuf fois en la haute Allemagne, sept en Espagne, contant le dernier voyage qu'il y fit pour sa retraitte, sept autres en Italie, dix en Flandres, quatre en France, deux en Angleterre, & deux autres en Affrique.

que. Il nauigea huict fois sur la
mer Mediterranée, & quatre
sur l'Ocean, à la derniere desquelles il auoit desia renoncé
au gouuernement de ses Estats.
Ce fut à l'imitation d'vn Dio-
cletian, & de quelques autres
Souuerains, qui chercherent le
repos dans des solitudes moins
à estimer que celle des Hiero-
nymites de sainct Iuste, dont il
fit eslection ; quoy qu'on ait dit
que la mauuaise assiette où il Thuan.
laissoit les affaires de l'Empire hist. l.
ayda beaucoup à luy faire pren- 16.
dre cette resolution. Tant y a
que pendant le tems de son ad-
ministration il a tousiours esté
dans l'action, & ne s'est iamais
relasché de sa vigilance ordi-

naire. Ce qui a d'autant plus d'esclat en sa personne, que la vie sedentaire de son fils, déchargé de tout le soin de l'Empire, & par là plus obligé de pouruoir au reste, fut la principale cause de la perte des Pays-bas. Car pendant que Philippes second se promenoit dans les bois de Segouie, prenant ses diuertissemens en sa belle maison de Valsaim, au milieu des iardins & des fontaines, comme Cabrera nous le descrit, ces belles Prouinces de la Flandre, que la presence de Charles quint auoit tant de fois conseruées, trouuerent leur ruine dans l'absence de son successeur. Pour s'estre contenté d'en-

Lib 7.
c. 3. & 4.

tioyer des Lieutenans, & d'eſcrire auſſi fierement à des peuples libres, qu'il euſt peû faire
à quelque reſte de Moriſques,
au lieu de venir en perſonne
pacifier les troubles dans leur
principe, à l'exemple de ſon pere, le plus riche heritage de la
maiſon de Bourgongne luy fut
enleué. Cecy ſoit dit pour
monſtrer que ie ne blaſme pas
Sandoual de nous auoir fait
voir toutes les belles parties de
ce Prince, dont i'honore la memoire, & la poſterité, autant
qu'vn François tres-affection-
né à ſon Prince, & à ſa patrie,
ſçauroit faire. Mais que ie le
reprens ſeulement de ne nous
l'auoir pas donné tout entier,

I ij

& en son vray naturel; d'auoir
peruerty le sens qu'il estoit
obligé de donner à beaucoup
de ses actions, pour le vouloir
trop iustifier; & de s'estre en ce
faisant esloigné de cette verité
qui est l'ame de l'histoire, nous
exposant vn cadaure au lieu
d'vn corps historique. Venons
aux preuues.

Vne des choses qu'il tasche
le plus d'obtenir sur la creance
de son lecteur, c'est que Charles quint fut tres-religieux ob-
seruateur de sa parole, & qu'il
merita mieux que Marc Anto-
nin le surnom de Verissime. Et
certainement, selon le zele im-
moderé qu'il a pour celuy-là, ce
n'est pas sans raison qu'il se don-

ne cette peine, n'y ayant rien qui puisse dauantage recommander vn Prince à la posterité. Les Souuerains que nous respectons à bon droict comme les images de Dieu en terre, n'ont rien qui leur donne tant de cette ressemblance, que le credit de leur parole, quand ils la sçauent bien faire valoir. Car Dieu qui a fait le monde & tout ce qu'il contient par sa seule parole, permet que ses Lieutenás le gouuernent par la leur, pourueu qu'ils en soient ialoux, & qu'ils la conseruent inuiolablement. Pour authoriser donc son dire, il remarque que le sermét ordinaire de cet Empereur estoit, Foy d'homme de bien,

I iij

& qu'il auoit accouſtumé de dire, que cette qualité luy eſtoit bien plus chere que toutes celles dont ſa grande naiſſance, & ſes couronnes le faiſoient iouyr, parce que les hômes de bien eſtoient beaucoup plus rares que les Empereurs. C'eſtoit tres-vertueuſement parlé, il ne reſtoit qu'à executer de meſmes. Mais toutes les puiſſances de la terre qui ont eu quelque communication auec la ſienne, teſmoigneront que iamais Prince n'a fait moins d'eſtat que luy de ſa foy, quand il a creu que ſes intereſts ne s'accommodoient pas auec ce qu'il auoit promis. Nous auons veu cy deſſus comme il amu-

soit les Papes auec des Traittez
signez par ses Viceroys, au mesme temps qu'il enuoyoit sur-
prendre & saccager Rome. Les ^{Cabre-}
Venitiens furent si fort offen-
sez, voyant que contre les termes de leur confederation , il
retenoit pour luy Duras, qu'ils
aymerent mieux faire vne paix
honteuse auec les Turcs, que de
demeurer dauantage en ligue
auec luy. Ils auoient desia accusé de trahison son General André Dorie à la iournée de la Pre-
uise l'an 1538. comme n'ayant
pas voulu combattre tout à
bon contre Barberousse, mais
seulement les engager dans la
guerre contre le Turc, selon les
ordres & les interests de l'Em-

I iiij

pereur. Perſonne n'a ignoré cō-
bien de fois il a pipé de promeſ-
ſes le Roy François au ſujet du
Duché de Milan, & toutes les
excuſes qu'y apporte ſon Chroniqueur, ſont honteuſes, &
pleines de ſupercheries. Ce
grand Roy y procedoit bien
autrement, lors que refuſant
ceux de Gand qui le vouloient
recognoiſtre pour Souuerain,
il luy enuoyoit leurs lettres.
Quant aux Allemans, il ne faut
que ſe ſouuenir de la priſon du
Lantgraue de Heſſe, & comme
auec vne diction captieuſe il le
retint tant qu'il peût priſonnier, pour faire auoüer aux plus
paſſionnez pour l'Eſpagne, que
les paroles de ce Prince ſi fidele,

estoient des osselets d'enfans
dont il amusoit les Allemans.
Aussi Sandoual s'est-il bien em-
pesché de dire le moindre mot
de cette tromperie grammati-
cale, qui est pourtant essentiel-
le en l'affaire, & qu'aucun historien n'a obmise. En quoy il
a commis deux fautes tres-dan-
gereuses dans l'histoire. La premiere, d'auoir escrit contre Li 29.
toute verité, que le Lantgraue c. 30,
se rendit à discretion pure &
simple, & que Charles quint
luy promit seulement que sa
prison ne seroit pas perpetuelle. Car il est certain qu'encore
que pour sauuer la majesté de
l'Empire on eust conuenu que
le Lantgraue se sous-mettroit

verbalement à la difcretion de
l'Empereur, on auoit neantmoins traitté des feuretez de ce
Prince; & les Ducs Maurice de
Saxe, & Albert de Brādebourg
fes gendres, & qui eftoient ga-
rents des conuentions accor-
dées, le firent bien fçauoir depuis à l'Empereur, le forçant à
relafcher ce prifonnier. L'autre
faute eft, d'eftre tombé dans
cette vicieufe defectuofité que
nous remarquions il n'y a gueres eftre tout à fait contre les
loix de l'hiftoire. Mais iugeant
cette chicanerie de lettres trop
infame, il a mieux aymé la fup-
primer felon fa bonne couftume, que de fe voir reduit à la
mal defendre. En effect j'ayme-

rois autant voir ceux de Locres
dans Polybe cacher des testes Li. 12.
hist.
d'oignons entre le pourpoint &
l'espaule, & puis les ietter,
croyāt estre quittes de ce qu'ils
auoient promis d'obseruer tant
qu'ils auroiét les testes sur leurs
espaules. Ces finesses sont ac-
compagnées de tant d'indigni-
té, que ie ne m'estonne pas si on
les desauouë. Mahomet ayant
pris l'Isle de Negrepont, fit scier
par le milieu du corps Paolo
Erizzo qui la defendoit pour sa
Republique, disant qu'il luy
auoit bien asseuré la teste, mais
non pas la ceinture du corps. Ie
ne voy pas que le procedé de
Charles quint fust beaucoup
plus iuste que celuy de ce Turc,

& s'il eſtoit plus ſubtil, ie l'en
eſtime d'autant plus Punique
& plus honteux. Pour derniere preuue de l'eſtime que nôtre
Empereur faiſoit de ſa foy, il
ſuffit de rapporter comme s'en-
tretenant des choſes paſſées
auec le Prieur & les Moines de
ſainct Iuſte, il leur dit franchement qu'il ſe repentoit d'auoir
obſerué le ſauf-conduit qu'il
auoit donné à Luther. Car encore que Sandoual attribuë cela au zele qu'il auoit pour la
cauſe de Dieu, les exemples de
ſainct Gregoire le Grand qui a
gardé la foy aux Heretiques, de
Ioſué qui l'entretint aux Ga-
baonites idolatres, & de Saül
qui fût puny de Dieu pour en

auoir vſé autrement, pouuoient bien mettre ſa conſcience en repos. Ie n'entre point en cette grande queſtion qui a tant fait eſcrire depuis nos guerres de Religion. Mais ie dis bien que ſi Charles quint par tendreſſe de conſcience ſe deuoit repentir de quelque choſe en cela, ce deuoit pluſtoſt eſtre d'auoir donné la foy à vn heretique, que de la luy auoir conſeruée.

L'aſſaſſinat de Pierre Louys Duc de Caſtre, & fils du Pape Paul troiſieſme, commis à la veuë de toute la Chreſtienté, fut ſi generalement imputé à l'Empereur, que Sandoual n'eſt pas peu empeſché à l'en deſcharger. L'importance de cet-

te action, & le rapport qu'il y a
d'elle à la bonne foy dont nous
venons de parler, m'oblige d'y
faire quelque reflexion. Voicy
comment Sādoual rapporte le
faict. L'entreprise des Fiesques
sur Genes ayant manqué, par la
mort hazardeuse du chef de la
famille qui cheut dans la mer,
le Duc de Castres directeur
principal, dit-il, de cette affaire en faueur du Roy Henry second, enuoya le Comte de Lan-
de à André Dorie se condou-
loir de la mort de son neveu
Ianetin, qui auoit esté tué dans
ce tumulte, & l'asseurer qu'il
n'y auoit rien de son faict. André Dorie faisant mine de se
contenter, corrompt cet Am-

baffadeur, & par fon moyen
fait affaffiner le Duc dans fa ci-
tadelle de Plaifançe, cependant
que Ferdināʒ Gonzague auer-
ty de toute la conjuration, at-
tendoit cet euenement dans
Cremone, d'où il fut au premier auis fe faifir de Plaifance
au nom de l'Empereur. Or déja c'eft vne maxime qu'en matiere de crimes la prefomption
va contre ceux qui en profi-
tent, comme firent les Efpagnols de celui-cy, par l'vfurpa-
tion des biens du defunct. Mais
outre les aduis certains qu'on
eut de la verité du faict, quelle
apparence y a-t'il, à le prendre
par le feul texte de noftre autheur, qui protefte neantmoins

de l'innocéce de Charles quint,
que Gonzague & les autres
Chefs Espagnols osassent parti-
ciper à cette conspiration sans
l'en aduertir ? entreprédre contre le fils du Pape , & le proche
allié de sa Majesté Imperiale à
son desceu? & la mesler si auant
dans cette actió tragique, comme ils firent par la prise de Plai-
sance , sans le luy auoir fait sçauoir ? Car de dire, comme Sandoual l'asseure, que le meurtre
de Pierre Louys dépleut à l'Empereur, encore qu'il approuuast
ce qu'auoit executé en suitte
Ferdinand Gonzague, chacun
peut bié iuger du peu de vray-
semblance qu'il y a. D'ailleurs
il aduoüé, lors qu'il rapporte la
mort

mort du Pape Paul troisiesme, Li 30. c. 2. qu'il ne voulut iamais de bien à Charles quint, & accuse sa Saincteté d'auoir eu la fleur de lys dans le cœur, ce qui procedoit de la connoissance qu'elle auoit du veritable autheur de cet assassinat. Il ne nie pas non plus que le Duc Octauio Farnese, fils de Pierre Louys, ne creust certainement que l'Empereur auoit fait mourir son pere, attribuant à cette asseurance qu'il en auoit, la resolution qu'il prit de s'allier auec le Roy Henry second, & de receuoir dans ses places garnison Françoise. Et veritablement il faloit qu'il eust vne connoissance bien certaine de ce qui en

K

eſtoit, pour ſe laiſſer tranſpor-
ter iuſques là par vn iuſte reſſentiment, veu qu'il auoit eſ-
pouſé Marguerite d'Autriche,
fille naturelle de Charles quint,
qui fut contrainte là deſſus de
quitter ſon mary, ſe retirant
dans la ville d'Aquila de l'A-
bruzzo, pour complaire à ſon
pere. Auſſi la recommande-t'il
à Philippes ſecond, dans cette
belle inſtruction qu'il luy laiſſa,
comme celle qui luy auoit
touſiours eſté obeïſſante, meſmes contre l'intereſt de ſes propres enfans. Or qui pouuoit
mieux ſçauoir toutes les cir-
conſtances de ce parricide, que
le pere & le fils du defunct? Si
eſt-ce que noſtre bon hiſtorien

n'oppose à tout cela qu'vne belle negatiue, & pense auoir bien
satisfait à Dieu & au monde en
disant qu'il n'en est rien.

Par ce que nous venons de
dire de Paul troisiesme, & ce
que nous auons remarqué auparauant de Clement septiesme, il seroit assez aisé de con-
jecturer quel pouuoit estre le
respect de Charles quint enuers
le sainct Siege. Mais pource
que c'est encore vne des choses sur laquelle Sandoual insiste
le plus, pretendant en mille
lieux de son histoire que l'Eglise n'eut iamais vn fils plus
obeissant que celuy-là, ie m'ar-
resteray aussi à examiner ce
poinct vn peu dauantage. A la

K ij

verité quand il a eu des Papes
à sa deuotion, qu'vn Adrian son
precepteur, & vn Iules troisiesme ont espousé tous ses interests, il a vsé de fort grandes
submissions. On l'a veu mesmes lors qu'il se voulut faire sa-
crer par Clement septiesme,
luy baiser les pieds comme les
autres hommes, se presenter à
tenir l'estrier d'vn cheual Turc
que montoit lors sa Saincteté,
& prendre en suitte la bride
durant trois ou quatre pas. Si
estoit-ce le mesme Pape qu'il
venoit de tenir sept mois prisonnier, auec les indignitez
que nous remarquions tantost,
& qu'il auoit desia assiegé auparauant dans le chasteau de

S. Ange, pour luy faire ſigner
par violence vne ligue contre
la France. Car voyant que ſa
Sainĉteté en auoit fait vne, que
les Eſpagnols nommerent Cle-
mentine, qui alloit à les mettre
à la raiſon, puis qu'ils eſtoient
cauſe de la perte de la Chreſtienté ; comme les priſes de
Belgrade, de Rhodes, deſia ar-
riuées, & la perte du Roy de
Hongrie & de Bude qui ſuiuirent, le monſtrerent aſſez. Fâ-
ché d'ailleurs contre le Pape,
de ce qu'il auoit abſous le Roy
François du ſermét forcé qu'on
luy auoit fait faire à Madrid ; &
iugé en ſuitte auec les Venitiés,
qu'on retenoit contre toute
iuſtice les oſtages de France en

Espagne , & qu'ils deuoient
estre rendus. Il pensa qu'il estoit
tems de faire connoistre dans
Rome iusques où s'estendoit
son obediéce filiale , lors qu'on
luy donnoit du mescontentement. Pour cet effect il depes-
che ses ordres secrets en Italie;
Hugues de Moncade son principal ministre en ce lieu , le Duc
de Sesa son Ambassadeur, le Viceroy de Naples Lanoy , & le
Cardinal Pompée Colóne , qui
feignoit expres d'estre gouteux
dans Frescati , font tous leurs
preparatifs. En fin lors que Clement septiesme y pensoit le
moins , estant en trefue auec les
Colomnes, selon le dire de Paul
Ioue , quoy que Sandoual le

démente là deſſus, lesEſpagnols
entrent par ſurpriſe dans Rome, pillent le Bourg Vatican,
le Palais ſacré, l'Egliſe de ſainct
Pierre, & inueſtiſſant le Pape
dans ſon chaſteau de S. Ange,
le contraignét au bout de trois
iours de leur ſigner des conditions telles qu'ils voulurent.
Cela ſe paſſa ſur la fin du mois
d'Aouſt 1526. & le ſac de Rome
priſe par Charles de Bourbon
l'année ſuiuãte. Voila auec quel
reſpect Charles quint traittoit
le ſainct Siege, ſelon le propre
texte de Sandoual, qui excuſe
neantmoins le tout ſur deux
conſiderations. La premiere, *Li. 15.*
que l'Empereur ne ſceut rien *c. 4. &c.*
de cela qu'apres l'euenement,
K iiij

dont il fut tres-faſché, auoüant
pourtant qu'il ne laiſſa pas d'ap-
Cap. 23 prouuer ce qu'auoit fait Hugues de Moncade. C'eſt, comme nous auons deſia veu, le
ſtile ordinaire des Eſpagnols,
d'vſer de ces negations abſo-
luës, pour ridicules qu'elles
ſoient. La ſeconde, que Clement ſeptieſme auoit des obli-
gatiós infinies à Charles quint,
dont il fait vne longue enume-
ration; ne ſapperceuant pas,
qu'outre que cette excuſe ne
ſaccorde pas auec la premiere,
elle porte vn teſmoignage tout
contraire. Car il eſt fort vray-
ſemblable que ſi la conſcience
& l'intereſt de la Religió n'euſſent forcé le Pape de ſoppoſer

aux violences Eſpagnoles , &
de reſiſter aux paſſions iniuſtes
de ſon bien-faicteur , il n'euſt
pas commis vne ſi grande in-
gratitude, Mais ce que ie trouue le plus eſtrange, c'eſt qu'vn
Eueſque tel que Sandoual ſe
diſpenſe là deſſus de monſtrer
que Clement ſeptieſme n'eſtoit
pas legitime , ayant eſté creé
Cardinal ſur vne fauſſe infor-
mation, contre les côſtitutions
de l'Egliſe , qui excluent les
baſtards de cette dignité. Et,
ce qui eſt bien plaiſant , qu'il
mette entre les obligations
qu'auoit ce Pape à l'Empereur,
celle de l'auoir porté contre le
Cardinal Soderin , qui faiſoit
inſtance contre luy ſur ce de-

faut de naiſſance ; comme ſi, çela eſtant veritable, il n'y euſt pas eu de l'impieté en Charles quint, qu'il fait ſi conſcientieux, de tenir la main à vne ſi vicieuſe promotion. C'eſt ainſi que tout eſt bon aux Eſpagnols, pourueu qu'ils ſe ſatisfacent. Que n'ont-ils point dit de Paul troiſieſme, pource qu'il s'oppoſoit à leur ambition démeſurée ? que n'ont-ils point machiné contre luy, outre le meurtre de ſon fils, dont nous auós deſia parlé? Sandoual veut qu'il fuſt d'intelligence auec Barberouſſe, lors qu'en 1543. il couroit les coſtes d'Italie, & meſmes qu'il luy euſt enuoyé des rafraichiſſemens par le Car-

Lib. 15.
c. 49.

dinal Trana de faction Françoise, qui les porta par mégar-
garde à André Dorie, prenant
l'armée Imperiale pour celle
des Turcs ; en quoy il paroiſt
beaucoup plus groſſier, faiſant
vn ſi mauuais conte, qu'il ne
ſçauroit repreſenter ce Cardinal pour eſtre capable de com-
mettre vne ſi grande beveuë.
Il luy reproche qu'il vouloit
acheter Milan pour ſon neveu
du ſang de Ieſus-Chriſt; & produit là deſſus vne lettre de Dom
Diego de Mendoçe Gouuer-
neur de Siene, où il aduertit ^{Li. 15.}
^{C. 29.}
l'Empereur que François premier n'auoit rien fait contre
luy qu'à l'inſtance du Pape, qui
auoit ſix fleurs de lys dans ſes

armes, & six mil dans le cœur.
Dans la mesme lettre Mendoçe asseure Charles quint que
l'Estat Ecclesiastique est plus à
luy, & luy appartient mieux
qu'au sainct Pere; ce qui n'empesche pas que ce Caualier ne
soit qualifié le plus sage & dis-
cret de son tems par Sandoual.
Il reconnoist en vn autre endroit que sa Saincteté ne s'estãt
pas voulu liguer contre le Roy
de France auec l'Empereur, il
fit par dépit, & pour la brauer,
vne Pragmatique, qui rendoit
tout estranger incapable de tenir des benefices en Espagne, &
de iouyr d'aucune pension, en-
ioignant à ceux qui en deuoient de n'en plus payer. Mais

Li. 15.
ç. 26.

n'est-ce pas vne chose estrange,
qu'au sujet du mescontentemét
que prit ce Pape de l'alliance
contractée entre Henry hui-
tiesme Roy d'Angleterre desia
heretique, & Charles quint, il
compare celui-cy, qui se mo-
quoit de la cholere du Pape, à
vn certain impie qui mesprise
le courroux des Dieux dans Iu-
uenal, rapportant ses mesmes
paroles, *Bibit, & fruitur Diis* Sat. x.
iratis ; & puis à cet Hercule dé
Seneque, qui profitoit des ani-
mositez de Iunon, dont il cite
aussi le texte assez mal à propos,
& comme ne l'entendant pas.
Paul quatriesme Napolitain de
la famille des Caraffes, & ainsi
né subjet de l'Empereur, ne fut

pas traitté de luy auec plus de
moderation, pendant le peu de
tems qu'il se mesla des affaires
sous ce Pontificat. Et pource

Li. 32.
c. 29.

que Sandoual se contente de
dire, que ce vieillard de quatre
vingts ans estoit vn hypocrite,
qui trompoit tout le monde
d'vne apparence de saincteté;
& que les archiues de Simancas
gardent encore les auis des plus
grands Docteurs du monde,
qui portent qu'on luy pouuoit
iustement faire la guerre; se re-
mettant du reste de ses actions
à celuy qui a escrit l'histoire de
Philippes second, nous ache-
uerons de voir dans Cabrera,
autheur de ce trauail, auec quel
respect les Espagnols se com-

porterent en son endroit. Dés
l'heure que sa Saincteté eut té-
moigné que son grand aage luy
auoit laissé assez de connoissance pour discerner les interests
du sainct Siege de ceux des Espagnols , & assez de vigueur
pour s'opposer courageusement
à leur ambition démesurée, on
vit aussi tost des attentats contre sa vie , vn cuisinier fut pen-
du pour cause de poison, & Cabrera auouë franchement que
les Espagnols furent fort sou-
pçonnez de cela. La mauuaise
intelligence croissant , & le Pape se voulant seruir de ses armes
spirituelles , le conseil d'Espagne s'assemble , &, conforme-
ment aux resolutions de Mel-

 DISCOVRS

chior Canus, arreste qu'on se
doit moquer des censures de
Rome, n'y plus enuoyer, & faire la guerre au Pape Paul qua-
Ibi. c. 6. triesme. Sur cela le Duc d'Albe
luy commença la guerre , &
pour l'outrager plus viuement,
print les places de l'Eglise au
nom du sacré College , & du
Pontife futur. Mais ie trouue
sur tout remarquables les paroles que Cabrera rapporte du
Duc d'Albe , lors qu'il alloit
pour escalader Rome en 1557.
Car comme on luy eut rappor-
té que toutes choses estoient
fort bien ajustées selon ses ordres, il se tourna vers Lope de
Mardones , & Vespasian de
Gonzague, leur disant, *Bien en-*
camina

camina el diablo lo que es en de-
ſeruicio de Dios, & ſur cela con-
tinua ſon chemin, taſchant d'e-
xecuter ſon entrepriſe. C'eſtoit
teſmoigner tout enſemble l'é-
tat qu'il faiſoit du Pape, de
Dieu, & de la Religion. Nous
pourrions faire voir en ſuite
dans le meſme autheur, comme Pie quatrieſme ne fut pas
mieux aux bonnes graces des
Eſpagnols; & comme depuis
l'execution des Acolti, aſſaſſins
qui en vouloient à ſa vie, & le
deuoient poignarder en vne
audience qu'ils pourſuiuoient,
il feignit bien d'eſtre amy de
Philippes ſecond, mais qu'en
effect il veſcut & mourut ſon
ennemy couuert. Nous mon-

L

Li. 6. c.
19. & li.
7. c. 1.

trerions auſſi le traittement indigne que fit le meſme Roy au
Nonce de Gregoire trezieſme,
pour auoir porté le Chapitre de
Calahorra, contre ſon Eueſque.
Car ſur ce que ce Nonce ne
voulut pas en vne cauſe Eccle-
ſiaſtique s'accommoder à toutes les volontez de Philippes, il
luy dit de bouche, *que ſe fueſſe
con Dios,* le fit mettre dans vn de
ſes caroſſes, & mener ſur l'heure dans Alçala par Don Diego
de Cardona, tout ſon bagage
& le reſte de ſa famille eſtans
tranſportez le meſme iour par
les Alcades de Cour. Si nos Rois
auoient fait quelque choſe ap-
prochant de cela, que ne diroit-
on point? Celuy d'Eſpagne en

est quitte pour mander à Rome qu'on luy enuoye vn autre
Nonce, & il est obey. Il seroit
aisé d'adjouster beaucoup d'e-
xemples tant anciens que modernes de semblables procedu-
res Espagnoles vers les Papes.
Mais puis que nostre discours
ne regarde principalement que
Charles quint & l'histoire de
Sandoual, ie pense que nous en
auons assez dit pour iustifier par
sa propre narratió, qu'il a eu tort
de vouloir faire passer ce Prince
pour le plus respectueux qui fut
iamais vers le S. Siege, & qu'il a
commis par là vn grand crime
contre la fidelité de l'histoire.
Passons maintenant à vn autre
poinct, & voyons le plus som-

L ij

mairement qu'il se pourra , si
cet Empereur a fait tousiours
pour la Religion, & particulierement contre le Lutheranis-
me tout ce qui estoit en son
pouuoir , comme le maintient
Sandoual.

Toute la Chrestienté souspi-
ra à ce premier coup mortel
que luy liura Soliman l'an 1521.
par la prise de Belgrade son
principal rampart , pédant que
Charles quint obligé à son secours par le deû de sa charge,
par l'interest du voisinage , &
par la côsideration de son beau-
frere Louys Roy de Hongrie,
s'amusoit à nous faire la guerre
en Italie , & occupoit toutes les
forces de l'Empire contre Fran-

çois premier. Sandoual auouë
que l'entreprise du mesme Soliman sur Rhodes l'année 1522.
eut pour fondement, que la place
ne seroit point secouruë place
ne seroit point secouruë
pendant les guerres de ces deux
Princes Chrestiens. Et comme
la verité est merueilleusement
puissante à se faire recónoistre,
il auouë vne chose au mesme
lieu qui sera eternellemét honteuse aux Espagnols. C'est que
le Pape Adrian VI. qui deuoit
sa promotion à l'Empereur son
disciple, auoit lors trois mil
Espagnols, qu'il pouuoit enuoyer à la defense de Rhodes.
Mais que Louys de Cardona
Duc de Sessa, & lors Ambassadeur dans Rome, secondé d'au-

L iij

tres Capitaines & grands Seigneurs du mefme party, luy di-
rent qu'il valoit bien mieux
referuer ces foldats Efpagnols
contre les François dans la
Lombardie, que de les enuoyer
à Rhodes contre les Turcs, où il
y auoit affez de forces pour leur
refifter. De forte que le Pape
f'excufa fur ce qu'il n'auoit pas
affez d'argent pour foudoyer
cette milice; & Sandoual parlant ailleurs de fa mort, remarque qu'on murmuroit contre
fa memoire à caufe de la perte
de Rhodes. Il nous donne en
fuitte la lettre du Roy de Hongrie à Charles quint, par laquelle nous voyons que ce Roy a
toufiours demandé en vain le

Lib.II.
c.10.

secours qu'il deuoit attendre Lib. 15.
c. 10.
d'vn si proche parent, & si obligé à sa conseruation. Elle est
dattée du 27. Aoust 1526. c'est
à dire de peu de tems auant
l'infortunée bataille où perit ce
Roy belliqueux faute de sup-
port, ce qui fut cause de la prise
de Bude par Soliman en la mesme année. En 1532. cette grande armée Chrestienne compo- Lib 20.
cap. 8.
sée de trois cens mil combat-
tans, laissa emmener au mesme
Soliman vn nombre infiny de
Chrestiens sans le suiure, ny
faire aucun exploit, nonobstãt
les instãces du Roy Ferdinand,
pource que son aisné vouloit retourner en Italie, dont les affaires luy touchoiét plus au cœur.

L iiij

Le premier iour d'Auril 1534,
les Espagnols qui estoient dans
Coron, ville du Peloponese,
& que Sandoual nomme auec
trop d'ignorance la chere patrie de Plutarque, s'embarque-
rent pour retourner en Italie
selon les ordres de l'Empereur.
Cette place se pouuoit fort bié
garder, s'il n'eust mieux aymé
employer ses forces ailleurs; &
le Pape Clement septiesme, les
Venitiens, auec le reste de la
Chrestienté la regretterent,
cóme vne eschelle tres-propre
pour descendre à la conqueste
de la Morée, & de toute la Grece. Apres là prise de Tunis en
1535. Sandoual escrit qu'il ne
faloit que se presenter deuant

Argel pour s'en rendre le mai-
tre, & mefmes de ce fameux
Corfaire Barberouffe; mais que
Charles quint fut confeillé de
reuenir, fe contentant d'auoir
eftably vn Roy More dans l'ancienne Carthage. N'eft-il pas
vray qu'au lieu d'aller fecourir
Oran contre le Roy de Treme-
çen, l'an 1543. il ayma mieux
paffer en Italie, & de là en Al- Lib. 25.
lemagne, pour fatisfaire à cet- c. 27.
te violente paffion qu'il auoit
contre le Roy de France ; de
forte que fans la valeur de Dom
Martin de Cordouë, Comte de
Alcaudete, cette importante
conquefte du Cardinal Ximenes retournoit entre les mains
des Barbares ? Muley Hazem

Roy de Tunis le vint lors trouuer dans Naples, où il luy fit de
grandes ouuertures contre les
Turcs ; mais il eut pour toute
responfe qu'il pouuoit l'attendre au retour du voyage d'Allemagne , où il eſtoit refolu
d'aller combattre le Duc de
Cleuȩs , dont le crime eſtoit
l'alliance des François où il
eſtoit entré. Quelques-vns ont
dit mefmes que l'Empereur
penfa lors perdre Vienne, l'a-
bandonnant aux infideles, pour
courir fus à ce Duc, qui fut de
fes amis auſſi toſt qu'il l'eut
contraint de fe declarer noſtre
ennemy. Finalement l'animofité de Charles quint contre
nous fut fi prejudiciable à la

Chrestienté, qu'abandonnant
tout autre soin que celuy de
nous nuire, il laissa prendre
Tripoly de Barbarie en 1551. à
Sinam Bacha, que luy seul
comme voisin pouuoit conser-
uer aux Cheualiers de Malthe;
& à Salh Arraes la ville de Bu-
gie en 1555. que les Espagnols Lib. 32.
auoient conseruée trente-cinq c. 32.
ans, depuis que Pierre de Nauarre y auoir arboré la Croix
en 1510. Ie sçay bien qu'il en
voulut rejetter la faute sur le
Gouuerneur Alonso Peralte
qui l'auoit renduë, le faisant
executer à mort pour cela dans
Valladolid. Mais il est vray
aussi, que les guerres contre
les Chrestiens donnerent tous

ces aduantages aux ennemis de noſtre Religion, & par conſequent que de ce coſté là Sãdoual a eu mauuaiſe grace de recommander comme il a fait cet Empereur; meſmement ſi on defere tant ſoit peu aux plaintes des Venitiens que nous auons tantoſt entenduës.

Ie feray volontiers icy vne obſeruation qui regarde non ſeulement Charles quint, mais toute la maiſon d'Autriche ſur ce ſujet de la Religion. C'eſt que tout le monde reconnut dés ce tems-là dont nous parlons, qu'il n'y auoit rien qui fuſt ſi contraire au Chriſtianiſme, que la continuation de l'Empire dans cette maiſon. Sandoual remarque luy-mesme, que Guillaume Duc de Bauieres protesta de nullité lors que Ferdinand premier frere de Charles quint fut esleu Roy des Romains, non seulement pource que l'eslection s'estoit faite par argent, & par force, mais encor pource qu'il estoit trop injuste de perpetuer l'Empire dans vne famille, dont quatre de suitte l'auoient desia possedé. Or ce mescontentement des autres Princes d'Allemagne les rendoit destors non seulement mal affectionnez à ceux d'Autriche, mais encore peu soucieux des interests de l'Empire, n'y possedant plus la part qu'ils deuoient, au grand prejudice de

la chreſtienté. Ce fut vray-
ſemblablemét le principal mo-
tif du Pape Paul quatrieſme,
lors qu'il refuſa d'admettre les
Ambaſſadeurs du meſme Ferdinand ſe diſant Empereur, encore que Cabrera luy face prendre d'autres pretextes, ſur ce
que Charles quint n'auoit peû
renoncer à l'Empire qu'entre
les mains de luy Pape, ſur ce
qu'il ne pouuoit ſe dire legiti-
memét eſleu par des Eſlecteurs
heretiques, & ſur ce que payât
trente mil eſcus par an de tribut au Turc, il eſtoit indigne
de cette dignité. Mais pour biê
reconnoiſtre l'intereſt du ſainct
Siege, & de la Religion, en cette continuation d'Empire dans

la maison d'Autriche, ie ne pro-
duiray point d'autheur qui ne
ſoit Eſpagnol, & par là irrepro-
chable en cecy.   Herrera rap- Tom. 3.
porte qu'apres la perte de Iaua- l.10.c.18
rin en 1594. l'Empereur Rodol-
phe fut conſeillé de faire en
toute maniere la paix auec le
Turc, ſur deux tres-importan-
tes conſiderations. L'vne, que
l'alienation des eſprits ialoux
de la grandeur de ſa maiſon
eſtoit ſi grande par toute l'Allemagne, qu'il ne ſe pouuoit rien
promettre de bon de la nation
Germanique. L'autre, que les
Italiens ne pouuans non plus
ſouffrir que l'Empire de ſoy éle-
ctif fuſt rendu hereditaire, & ſe
perpetuaſt dans vne ſeule fa-

mille, eſtoient reſolus de ne le
plus ſecourir en ſes neceſſitez,
iuſques à ce qu'il fuſt remis aux
termes de la raiſon. Et pour
monſtrer que ce n'eſt pas ſans
ſujet que les Italiens, & tous les
Princes Chreſtiens prennent
part en cecy, le meſme autheur, ne penſant à rien moins,
nous fournira de quoy former
vne preuue qui ſuffira ſeule entre vne infinité d'autres. Il dit
que le Pape Clement huictieſ-
me enuoyant le Cardinal Caie-
tan en Pologne en 1597. pour y
moyenner vne ligue des Princes Chreſtiens contre le Turc,
pria le Roy d'Eſpagne de le ſe-
conder en ce bon deſſein, y enuoyant auſſi quelqu'vn de ſa
part

part pour faciliter les affaires.
Philippes second dépesche là
dessus François de Mendoçe
Admiral d'Arragon , en apparence pour contribuer à cette
croisade , en effect pour la tra-
uerser ; & en empescher la con-
clusion comme il fit. Ses ordres
secrets portoient , comme l'a- Ibid.
uouë Herrera , non seulement
de n'y point entrer , mais d'agir
en sorte que le Pape reconnust
qu'il y auoit plus de difficultez
& d'inconueniens que d'vtilité
à esperer de cette ligue. Philippes craignoit que les Allemans
s'occupans contre le Turc , la
Flandre n'en souffrit par la perte de leur secours , & que pendant qu'on combattroit les In-

M

fideles, le feu Roy Henry le Grand, auec qui il eſtoit encore en guerre, ne receuſt quelque auantage de n'auoir plus rien à craindre du coſté de l'Empire. En effect ces conſiderations toutes particulieres à la maiſon d'Autriche, où les Empereurs comme cadets reçoiuent la loy des aiſnez d'Eſpagne, ruinerent de ſorte cette ligue, qu'il n'en fut plus parlé; & toute la nego-ciation de l'Admiral d'Arragon aboutit à meſnager ſimplemēt vn ſecours du Roy de Pologne pour les Pays-bas. Voila com-bien il importe à la Religion & à toute la Chreſtienté que l'Em-pire n'arreſte pas dans la ſeule maiſon d'Autriche contre les

loix fondamétales de cet Eſtat,
afin qu'il ne demeure aſſeruy
par là aux intereſts de la Monar-
chie Eſpagnole. Or non ſeule-
-ment Charles quint ſe moqua
de ces conſiderations d'equité,
& de Religion, mais il fit meſmes ce qu'il peût pour eſtablir
ſon fils Philippes dans l'Empire;
& n'ayant peû gagner ce point,
il taſcha auſſi inutilement de le
faire declarer Roy des Romains,
Ferdinand n'y ayant iamais
voulu conſentir. Sandoual dit Li. 29.
qu'il le fit ſonder ſur le premier c 35.
chef par la Reyne Marie leur
ſœur en vne Diete tenuë à Auſ-
bourg en 1547. mais que Ferdinand luy repartit ſi vertement,
& auec tant de reſſentiment de

M ij

l'indigne propofition qu'on luy
faifoit, que Charles quint n'ofa
pas le faire preffer dauantage.
Et neantmoins en l'an 1550. il fit
reuenir expres de Flandres cette Reyne Marie en la mefme
ville d'Aufbourg pour remet-
tre Ferdinand fur ce propos, &
luy faire trouuer bon que Philippes fuft nommé Roy des Romains, ce qu'elle obtint auffi
peu que la premiere demande. Cabrera, qui confirme le
dire de Sandoual, adjoufte
que Ferdinand ne voulut iamais receuoir la couronne Imperiale, auec cette condition
de nommer fon neveu Philippes Vicaire general de l'Empire
en Italie. Cela monftre bien

que Charles quint vfant de
toutes ces violences , ne mettoit en confideration que les
feuls interefts d'Efpagne , fans
fe foucier ny de la iuftice , qui
ne vouloit pas qu'il abufaft ainfi
de l'Empire d'Allemagne , ny
de la Religion , qui eftoit pour
fouffrir ce que nous venons de
remarquer. Bon Dieu! que n'a-
uons nous point veu reüffir des
conjectures de ce tems là , comme fi c'euffent efté autant de
propheties ? Que n'ont point
enduré l'Eftat & la Religion
par vne continuation non pas
de quatre , mais de neuf Empereurs confecutifs d'Autriche , fans comprendre celuy à
qui on difpute auiourd'huy la

meſme qualité ? Et à qui pouuons nous attribuer toutes les
calamitez dont nous voyons
l'Europe miſerablement trauaillée, qu'au pouuoir qu'ont
eu les Eſpagnols de remuer le
fer d'Allemagne à leur fantai-
ſie, depuis qu'ils ont perpetué
l'Empire dans cette maiſon,
dont ils ſe diſent les aiſnez.
Mais c'eſt peut-eſtre trop arreſter ſur la preuue d'vne choſe
qui eſt ſceuë & reſſentie de tout
le monde plus qu'on ne voudroit. Voyons à ceſte heure
comment Charles quint s'eſt
comporté à l'égard de l'hereſie
née de ſon tems parmy les Allemans, & qu'on a iugé que
pour cela il deuoit eſtouffer

comme vn monftre dés le ber-
ceau.

Il n'y a rien de plus fouuent
repeté dans l'hiftoire que nous
examinons, que cefte proteſta-
tion, qu'on a eu tort de dire
que Charles quint n'auoit pas
empefché le Lutheranifme cóme il euft peû, s'il n'euft voulu
s'en feruir aduantageufement
contre les Princes Allemans,
en les diuifant & ruinant par
cette diuerfité de religion. Dio- Li. 2.
dore nous apprent qu'vn Roy
d'Egypte mit la difcorde parmy les peuples, en leur donnant des Dieux differens, pour
les empefcher de s'vnir contre
luy. Ce grand foin de Sandoual
a excufer fon Empereur nous

M iiij

apprent, quand tous les liures
du temps ne nous en inſtrui-
roient pas, que tout le monde
accuſaCharles quint de vouloir
prattiquer à peu pres la meſme
choſe en Allemagne ; & nous
pouuons dire auſſi qu'vne ſi có-
mune opinion n'a pas manqué
d'apparence. Premierement la
guerre qu'il fit contre le Duc
de Saxe Frideric, celuy qui refuſant l'Empire le luy auoit fait
donner, ayant pour premier &
principal fondement l'intereſt
de la Religion; chacun fut fort
eſtonné quand apres la priſon
de ce Prince, on le vit mettre
en liberté, auec des conditions
tres- rigoureuſes à la verité, à
l'égard de ſes biens, & de ſon

honneur, puis qu'il perdoit son
Electorat , mais qui d'ailleurs
n'auoient pas vn seul article en
faueur de la conscience. Nostre _{Lib. 29.}
bon Euesque fait voir ce trait- _{c. 23.}
té , & luy donne le plus de cou-
leur qu'il peut pour descharger
Charles quint de ce reproche.
Mais en effect il s'en acquitte
tres-mal , ne disant rien de plus
essentiel sinon , que sa Majesté
trouua à propos de ne point
parler du tout de ce qui concernoit la religion. Vn peu de
tems apres il fit composer &
publier le liure de l'Interim ,
qui regloit la conscience des
Allemans attendant le Conci-
le , ce que les Catholiques pri-
rent pour vn attentat sur la iu-

rifdiction Ecclefiaftique ; &
tout le monde iugea qu'il ne
s'eftoit porté à cela, que par le
grand mefpris qu'il faifoit du
Pape Paul troifiefme, & de la
Cour Romaine. Auffi n'y eut-il
perfonne qui ne concluft dés
lors qu'il ne deuoit pas eftre fi
tendre de la confcience comme il en faifoit femblant. La
Diete d'Aufbourg qui fuiuit
en 1555. où ne pouuant aller, il
fit prefider le Roy Ferdinand
fon frere, & arrefter que ceux
de la Confeffion d'Aufbourg
viuroient en liberté de confcience auec les Catholiques,
acheua de perfuader qu'il fça-
uoit, auffi bien qu'aucun autre
Souuerain, accommoder les in-

terests du ciel à ceux de la terre.
Mais ce que les autres ont peû
faire en cela auec excuse & le-
gitimement, manquoit de pretexte & de raison en celuy qui
faisoit profession ouuerte de
persecuter les heretiques comme tels, & de ne permettre aucun commerce auec les Luthe-
riens. Quand on eust douté de
ses veritables sentimens, la li-
gue où il estoit entré auec Hen- _{Lib. 25.}
ry huictiesme Roy d'Angleter- _{c. 27.}
re depuis qu'il eut esté declaré
heretique, contre son grand
aduersaire Frãçois premier, faisoit assez voir ce qui en estoit.
Mais rien ne descouurit si à nud
son interieur à tous les Princes
de l'Empire, que quand, pour

obtenir la liberté de confcience, il exigea d'eux dans Ratif-
bonne, qu'ils fe departiroient
de l'alliance de France ; apres
leur auoir refufé cette mefme
grace, lors que pour l'acquerir
ils luy auoient offert d'aller
fous fes enfeignes combattre
celles du Croiffant. C'eft fur ces
apparences qu'on a fondé le
foupçon, que cet Empereur
eftoit beaucoup moins deuo-
tieux que ce qu'il vouloit que
l'on creuft. Ie ne voudrois pourtant pas paffer fi auãt que ceux
qui en ont encore iugé plus fi-
niftrement, fur ce qu'on bruffa
dans Seuille depuis fa mort les
os du Docteur Conftantin fon
Confeffeur, qui s'eftoit tué d'vn

Thua.
L. Ca-
brera, l.
5. c. 3.

couſteau dans la priſon, apres auoir eſté conuaincu de Lutheraniſme, & d'auoir deux femmes tout Preſtre qu'il eſtoit. Les fautes ſont perſonnelles, & ie tiens que c'eſt vne grande temerité de tirer vne ſi dangereuſe conſequence du Confeſſeur au penitent. Charles quint eſtoit ſans doute fort bon Catholique, mais il eſtoit homme auſſi, & Prince de plus, ce qui rend ſon hiſtorien ſans excuſe de l'auoir voulu donner pour impeccable. Quel zele de religion n'a point fait paroiſtre Philippes ſecond ſon fils ? Cependant il laiſſa prendre Tunis & la Goulette à Sinam Bacha, pour entretenir les troubles de

L. Cabrera l. 10, c. 20.

la Ligue en France. Il donna
Arzilla au Roy de Maroc infi-
delle, pour opprimer Dom Antonio dans le Portugal, où il
craignoit le secours d'Affrique. Et il protegea en Angleterre Elizabeth auant qu'elle
fuft Reyne, quoy qu'heretique,
non pas pour bien qu'il luy
vouluft, mais seulement de
peur que Marie Stuart affe-
ctionnée à la France ne vinft
à la couronne, bien qu'apparemment ce deuft eftre la ruine de la foy Catholique en ce
pays là, comme l'auouë franchement l'escriuain de fa vie.
Ce font actions de Princes qui
n'empefchent pas que hors ces
paffions d'Eftat, ils n'ayent de

Cabre-
ral l.1.
c. 10.

tres-bons & de tres-pieux fentimens, ce qu'vn bon hiſtorien
doit prudemment diſtinguer,
pour ne pas tomber dans les
abſurditez de Sandoual , qui
veut tant attribuer à ſon Charles quint , qu'on le peut con-
uaincre de menſonge par ſon
propre texte. Il euſt bien plus Lib. 32.
fait à ſon aduantage ce me ſem- c.34.
ble, puis qu'il ne ſongeoit qu'à
l'obliger, de ne le point repreſenter pleurãt en pleins Eſtats,
qu'il auoit aſſemblez à Bruxel-
les auant ſon partement pour ſe
retirer en Eſpagne; & de ne luy
point faire publier en vn lieu
ſi celebre la folie de ſa mere,
dont il ſe deuoit au moins taire
cóme fils, s'il ne la pouuoit ca-

cher. Car quant aux larmes, ie
sçay bien qu'il y en a de permi-
ses par les Philosophes mesmes,
& qu'Homere aussi bien que
Virgile ont fait pleurer leurs
Heros. Mais cette assemblée
n'estoit pas le lieu où il les fal-
loit respandre, & la renoncia-
tion qu'il y faisoit à son fils du
gouuernemét, deuoit estre accompagnée de plus de fermeté,
& de grandeur de courage.
Pour le regard de la Reyne Iean-
ne sa mere, encore que sa maladie ne puisse pas estre tirée à cô-
sequence, & que nous voyons
bien parmy nos Roys vn Charles le Sage, qui engendre Charles le phrenetique, & celui-cy
vn autre Charles qui fut le re-
staurateur

ſtaurateur de l'Eſtat enuahy par
l'Anglois, tant la folie & la ſa-
geſſe humaine ſont choſes voi-
ſines & qui ſe ſuiuent. Si eſt-ce
que rien n'obligeoit Charles
quint à dire là auec tant d'inde-
cence que ſa mere auoit eſté ſi
long temps alienée d'eſprit. Et
Sandoual auoit aſſez ſatisfait à
la fidelité de l'hiſtoire d'auoir
remarqué en tant d'autres lieux
la demence de cette infortunée
Princeſſe, ſans en rendre ſon
propre fils le denonciateur, en
vne conuocation d'Eſtats generaux. Ie m'eſtonne qu'au iuge-
ment qu'il rendit long tems au- _{Li. 26.}
parauant entre les Dames de _{c 28.}
Vergas, & de Brederode, qui
conteſtoient ſur leurs rangs, or-
N

donnant que la plus folle iroit
deuant, Sandoual ne luy faict
adjouſter que c'eſtoit pour con-
ſeruer le rang à ſa mere. Quant
à moy ie ne puis croire que ce
Prince ait parlé ſi peu iudicieu-
ſemẽt, me le perſuadant d'autant moins, que Meteren & les
autres hiſtoriens ne rapportent
point cette impertinence, le
faiſant harãguer beaucoup plus
raiſonnablement que ſon pa-
negyriſte. Alexandre auoit raiſon de ne vouloir eſtre pour-
trait que par d'excellens ou-
uriers. Mais il eſt encore plus
deſauantageux à ſes ſemblables, d'eſtre mal repreſentez
dans l'hiſtoire, & de tomber en
de ſi mauuaiſes mains que celle

de Sandoual. C'est assez parlé
des erreurs historiques qu'il a
commifes, pour auoir trop par-
tialement fauorifé tant les Efpagnols en general, que Charles quint en particulier ; remar-
quons maintenant les fautes
qu'il a faites par vne exceffiue
animofité contre la France.
L'amour de fon pays, & la haine du noftre fe doiuent fuiure
immediatement, puis que ce
font des paffions defreglées qui
partent d'vn mefme principe.

Il eft fi difficile de s'empefcher en efcriuant l'hiftoire d'a-
uoir la mefme auerfion de nos
ennemis, que nous leur auons
tefmoignée en guerre ouuerte,
qu'il y a peu de ceux de l'anti-

N ij

quité qu'on ne puisse blasmer
d'auoir en cela trop dóné à leurs
passions. En effect ie pense que
si nous auions les guerres Puni-
ques escrites de la main de
quelque autheur Africain , &
telles qu'elles se pouuoient debiter dans Carthage auant sa
destruction ; nous y verrions
des descriptions de combats
bien differentes de celles que
nous auons dans Tite-Liue, &
les autres historiens Romains.
Ceux-cy mettent quasi touf-
jours les victoires de leur costé
auec le moindre nombre de soldats , par la seule vertu des
chefs , & la bonne discipline de
leur milice. Qui doute qu'ils ne
fussent controllez en cela par

ceux du party contraire? La
mesme diuersité se remarque-
roit vray-semblablement aux
resolutions prises dans le Senat
de Carthage, qui seroient ac-
compagnées d'autant de raison
& d'equité, qu'on verroit d'injustice en celuy de Rome. Et s'il
nous restoit ce qui peut auoir
esté escrit pour l'vn & pour
l'autre de ces deux grands par-
tis, il est à croire que la bonne
cause ne se trouueroit pas touf-
jours du costé de la bonne fortune, comme il est arriué par le
malheur des vaincus, dont on
a supprimé les escrits auec la liberté & l'Empire. Car encore
que les historiens de l'vne & de
l'autre Republique coüinssent

N iij

par neceſſité des principaux
euenemens, comme du ſiege
& de la priſe des villes, des batailles données, & de choſes
ſemblables; c'eſt ſans doute que
la raiſon des conſeils, les moyés
tenus en l'execution, & les cir-
conſtances de toutes ces choſes, ſeroient repreſentées bien
differemmét ſelon le genie particulier de chaque eſcriuain,
qui feroit ſon poſſible pour
mettre le tort du coſté de ſes
ennemis. Or bien que ce defaut
ſoit ordinaire, ſi faut-il auoüer
que c'eſt vn des plus grands
vices dont vn hiſtorien puiſſe
eſtre repris; & par conſequent
ceux qui deſirent que leurs ouurages ſoient de quelque con-

sideratió à la posterité, ne sçauroient trop se tenir dans la moderation, éuitant iusques au
moindre soupçon de faueur, ou
de haine. C'est à quoy Sandoual ne doit auoir iamais pensé,
& comme nous auons veu qu'il
a lasché la bride à toutes ses affections, quand il a voulu obliger ceux de son pays ; nous
monstrerons qu'il s'est donné
encore plus de licence dans sa
cholere, lors qu'il a peû prendre occasion de mal-traitter la
France, & de diffamer nostre
nation.

Dés le commencement de
son œuure parlant des ayeuls
de Charles quint dans cette cu-
rieuse genealogie qui nous a
N iiij

desia entretenus, il dit que le regne de Ferdinand & Isabelle fut illustre par quatre grandes victoires. L'vne aux Indes, contre le diable; l'autre au Royaume de Naples, contre les François; la troisiesme en celuy de Nauarre, contre les heretiques; & la derniere à la conqueste de Grenade, contre les Mores. Cette belle partitió a cela d'excellent qu'elle est naifue, & fait voir à nud l'esprit de l'autheur. Ne nous voila pas d'abord fort bien appariez auec les diables, les heretiques, & les Mores? s'il eust peû nous mettre en meilleure compagnie, ne doutez pas qu'il ne l'eust fait. C'est à peu pres selon le mesme genie

qu'il fait parler Antoine de Leua, lors qu'il donne le conseil à
l'Empereur d'entrer en France
en 1536. Car comme ce vain Lib. 23.
Espagnol mouroit d'enuie d'y   c. 7.
venir cueillir les lauriers qu'vn
Astrologue luy auoit promis,
l'asseurant de sa sepulture dans
sainct Denys, qui fut pourtant
celuy de Milan ; il luy fait
dire qu'il faut aller trouuer les
bestes farouches iusques dans
leurs cauernes, & qu'on ne les
peut iamais mieux prédre que
dans leurs repaires. Que s'il
s'estoit contenté de ces petites
inuectiues, quoy que fort vicieuses dans vne histoire, il les
faudroit endurer, aussi bien que
d'auoir déguisé nos victoires,

quand il est contraint d'en aduoüer quelqu'vne , & fait en
sorte qu'en tous combats nous
ayons tousiours eu la multitu-
de d'hommes de nostre costé,
& les Espagnols le courage &
l'experience du leur. Car par
exemple , il conte la bataille
de Serisoles tout autremét que
personne n'a fait, ne nommant
pas seulement le lieu, pour en
esteindre la memoire s'il pouuoit. Il fait que les Espagnols
victorieux se rendent en fin à
la persuasion de François de
Bourbon nostre General, & il
est difficile de s'empescher de
rire voyant ces mots en la marge , *los Españoles victoriosos se
rinden.* Sur tout il s'empesche

bien de reconnoiſtre que leur
armée eſtoit plus forte de dix
mil hommes que la noſtre, ce
qui eſt neantmoins de la verité
de l'hiſtoire, encore que le de-
nombremét qu'il fait aille tout
au contraire. Ie ne m'amuſe-
ray pas à examiner les autres
combats qu'il deſcrit auec la
meſme fidelité ; j'adiouſteray
ſeulement qu'il a cela de commun auec quaſi tous les hiſtoriens de ſon pays. Mariana di- Lib. 30.
minuë noſtre victoire de Ra- hiſt. c.
uenne en 1512. autant qu'il luy 9.
eſt poſſible, & pour la rendre
moins glorieuſe, il fait dire à
Gaſton de Foix en ſa harangue
aux ſoldats, qu'ils eſtoiét deux
fois autant que les ennemis.

Voyez dans Cabrera le combat naual des Terceres, il vous asseurera que l'armée de Dom Antonio & de Philippes Strozzi estoit plus nombreuse de moitié que celle du Marquis de saincte Croix. Et si vous croyez Herrera du combat de Fontaine-Françoise, tout s'y passa à l'aduantage des Espagnols. Ces faussetez qui rendent vne histoire mesprisable, sont souffertes pourtant auec moins de ressentimét par ceux qu'elles touchent, à cause qu'elles sont ridicules, & qu'elles sont de moindre importáce. Mais c'est chose tout à fait intolerable de se voir charger de crimes horribles qu'on ne commit iamais,

Li. 13. c. 8.

Tom. 3. l. 11. c. 3.

& que nous foyõs accufez d'impieté, & de fauorifer les infideles, par ceux qui font contrains,
quand la verité leur efchappe,
de f'aduoüer nos redeuables,
pour leur auoir aydé à fe deli-
urer de la captiuité des Mores.
S'ils en font creus nous aduer-
tifmes les Turcs du deffein
qu'auoit Charles quint fur Tunis, & l'Ambaffadeur la Foreft
que nous tenions aupres de luy
pendant cette expedition, s'en-
tendoit auec Barberouffe; bien
qu'apres la cõquefte l'Empereur
fift prefent à cet Ambaffadeur
de quatre vingts & vn pauures
captifs François, ce qui dément
l'accufation fauffe d'elle - mefme, & rend Sandoual ridicule

Sand.
l. 25. c.
27.

Lib. 12.
c. 9. &
»

de dire l'vn & l'autre, sans considerer que ce sont choses contraires, & qui s'entre-destrui-
sent. Si ce n'est qu'il pretende
qu'vn remords de conscience
ait fait faire cette deliurance.
Car à la verité la pluspart de ces
captifs estoient des seruiteurs
de nostre Dauphin prisonnier,
qui auoient esté enuoyez en ga-
lere par les Espagnols, auec plus
de rigueur & d'injustice, que
les Infideles ne les auoient fait
esclaues depuis. Nous fusmes
cause aussi, à leur dire, de la perte de Tripoly, que les Chrestiens possedoient depuis qua-
rante ans; & nostre historien
nomme vn certain Chamberin
Gouuerneur de la place, qui la

Ibid. c.41.

Lib. 31. c.8.

defendit mal comme François,
auec vn autre Chaballon du
mefme pays, qui la trahit à Sinam. Mais fur tous l'Ambaffadeur de France Aramont, venu
là expres, & non pas de paffage
feulement, en fit faire la reddi-
tion. Voila comme ils nous ac-
commodent. La verité eft, que
le Cheualier de Vallier la rendit, forcé par les garnifons de
Calabrois & d'Efpagnols, à qui
il reprocha mille fois leur laf-
cheté ; & que toute la Chre-
ftienté imputa ce malheur à
l'Empereur, qui pouuoit feul
la conferuer, côme nous auons
dit, & qui y eftoit obligé plus
que perfonne, par la confideration de fes propres interefts, fi

celle de nous faire la guerre
n'euſt preualu dans ſon eſprit.
Ce fut le meſme Aramont, dit
Sandoual, qui meſnagea par les
ordres de Henry ſecond à la
porte de Soliman, la deſcente
de ſon armée nauale en 1552. au
Royaume de Naples. Strozzi
ſe deuoit ioindre à elle auec les
galeres Françoiſes, dont l'in-
execution fit fort murmurer
les Turcs. Et les Cardinaux de
faction Françoiſe luy fourni-
rent à Terracine, & à Sermone-
te des rafraiſchiſſemens. Que
de chimeres Eſpagnoles fon-
dées ſur l'imagination ſeule, &
ſur la mauuaiſe volonté qu'ont
les Eſpagnols pour nous, qui
leur firent voir ces rafraiſchiſſemens

femens donnez à Sinam, comme ils auoient veu ceux
dont nous auons defia parlé,
Que le Pape Paul troifiefme fit
porter à Barberouffe en 1543.
par le Cardinal Trana. Il ne faut
que la feule lecture d'vn autre
traicté d'Aramont, & du Prince de Salerne auec Ruftan Bacha, pour iuger fi Sandoual a
eu bonne grace de l'efcrire fur
la relation, comme il dit,
de quelques prifonniers. C'eft
ainfi que Cabrera veut que l'armée de Piali qui prit Surrento
en 1558. fuft de complot auec
nous; & de mefme celle qui pa-
rut fur la cofte d'Italie en 1574.
lors du mouuement de Genes,
qu'il veut auoir efté euoquée

O

Tom. 3
l. 7. c. 9.

par Henry troiſieſme. Herrera ſuit à la piſte, aſſeurant que le Prince de Bearn , ('il nomme ainſi Henry le Grand) & la Reyne d'Angleterre ſollici-toient ſans ceſſe le Turc de venir fondre ſur les Chre-

Lib. 10.
c. 9.

ſtiens. Il pretend meſmes qu'il y eut vne lettre ſurpriſe qu'eſ-criuoit le feu Roy à vn ſien Ambaſſadeur de la Fite, reſi-dant à Conſtantinople , pour faire continuer au Turc ſes en-trepriſes ſur l'Italie. Bref ils ſont iuſques là ridicules, que dans leurs hiſtoires nous voyons que

Cabre-
ra l. 9.
c. 27.

ce fut Selim ſecond qui fit en-trer les Huguenots en Flandre, apres la perte de ſon armée aux Curzolares ; & le meſme qui

fit le mariage de la Reyne Marguerite auec Henry quatriefme. Ie ne m'eftonne pas fi ce
mariage fut fi peu heureux,
mais bien que cela n'ait point
efté allegué lors de fa diffolu-
tion. De nommer ces extraua-
gances par leur nom, i'ayme
mieux qu'vn autre le leur donne que moy, qui croirois fail-
lir fi ie m'amufois à y refpódre,
comme fi elles auoient befoin
de refutation. Ie diray feulement que quelque intelligence
que nous ayons euë auec les
Turcs, qui n'a iamais regardé
que le commerce, & la conferuation des lieux faincts où fe
font paffez les facrez myfteres
de noftre redemption, on ne

O ij

nous reprochera iamais auec
verité, que nous ayons mis de
gayeté de cœur des places
Chreſtiennes entre les mains
des Infideles pour opprimer
des Princes de noſtre religion,
comme nous auons monſtré
tantoſt que d'autres ont fait, au
ſujet de Coron, d'Arzilla, & de
Tunis. On ne lira point dans
noſtre hiſtoire qu'on ait fermé
les Egliſes en France, & qu'il
s'y ſoit fait vne ceſſation des
choſes diuines pendant quatre
mois, comme il arriua en Eſpagne en 1519. à cauſe qu'on vouloit obliger les Eccleſiaſtiques
de Caſtille à contribuer quelque decime, pour armer contre les ennemis de noſtre Foy.

Sand.
l.3. c.35.

Nos peuples se sont tousiours
cottisez pour les Croisades auec
autant de bonne volonté, que
ceux d'Espagne y ont tesmoi-
gné de dureté de cœur. Il ne
faut que lire la tenuë des *Cortes*
ou Estats de Valladolid en 1527.
pour en bien iuger. Ils com-
mencerent par le seruice fune-
bre de Louys Roy de Hongrie,
suffoqué dans vn marais à la défaite de son armée par Soliman,
qui venoit d'occuper en suitte
la meilleure partie de cette
frontiere. L'assemblée se faisoit
apparemment pour y trouuer
de l'ayde à la resistance necessaire contre vn si puissant ennemy, à qui Charles quint tes-
moignoit de se vouloir oppo-

O iij

ſer. Si eſt-ce que Sandoual m'eſt
garand, que iamais ny le Cler-
gé, ny la Nobleſſe, ny le tiers
Eſtat ne voulurent offrir vn ſol
pour vne guerre ſi ſaincte, & en
vne ſi preſſante occaſion. Que
diroient les Eſpagnols ſi les Venitiens auec toute la Chreſtienté nous pouuoient imputer
comme à eux, d'eſtre cauſe de
la priſe de Chipre par les Turcs?
En effect Iean André Dorie qui
auoit les ordres de Madrid, refuſa d'obeïr à Marc Antoine
Colomne, General du Pape Pie
cinquieſme; ſur cela Dom Iean
d'Autriche & Dorie ſe retire-
rent de l'armée Chreſtiéne ſans
rien faire; & par ce moyen Ni-
coſie fut priſe par les forces de

Selim en 1570. & Famagouste
auec le reste de l'Isle l'année sui-
uante. Ce n'est point là vne re- ^{Cabre-}
lation controuuée, ils la peu- ^{ra l. 9.}
uent lire dans leurs propres au- ^{c.17.}
theurs. Mais i'admire sur tout
de quel front ils peuuent accu-
ser nos Roys d'auoir eu trop de
communication auec les ennemis de nostre croyance, quand
ie considere leur Charles quint
se liant solemnellement d'amitié perpetuelle auec Muley Ha-
zem son tributaire. Sandoual ^{Lib. 22.}
represente la ceremonie de cet ^{c. 44.}
acte solemnel, l'Empereur iu-
rant sur vne croix de sainct Iacques où il mit la main ; & le
Roy de Tunis sur son Alcoran,
la portant en suitte sur son al-

O iiij

fange ou cymeterre, cóme les
Scythes anciennement fur leur
coutelas en leurs plus folemnels
fermés. C'eſt bien mettre en pa-
rallele la Bible auec l'Alcorã, &
les veritez de noſtre Religion
auec les impoſtures de Mahomet. Auſſi n'y a-t'il perſonne qui
puiſſe ignorer auec combien
de foin & d'affection les Eſpagnols ont follicité & recher-
chent encore tous les iours
l'alliance du Grand Seigneur,
qu'ils veulent rendre ſi cri-
minelle en nous ; & qu'il n'y
a que la feule ialoufie de nous
voir en poſſeſſion de ce qu'ils
n'ont iamais peû obtenir, qui
les face crier ſi haut. Ie ne re-
peteray point ce qui a defia

esté escrit sur ce sujet. Mais puis
que nous sommes sur l'histoire
de Sandoual, ie rapporteray
seulement quelques témoigna-
ges qu'on y voit de ce que ie
dis. Charles quint n'estant en- Li. 3.
core que Roy d'Espagne, en- C. 26.
uoya en 1518. le Cheualier Loai-
sa en ambassade vers Selim,
prenant le protexte de se re-
iouyr des victoires que sa Hautesse auoit obtenuës. Le Roy
Ferdinand son frere ayant dé-
poüillé Iean Sepusius de son
pays, se douta qu'il auroit recours au Turc. Pour luy oster
cette protection, il dépescha
vers le Grand Seigneur Iean
Oberdansco en 1532. & luy of-
frit amitié & tribut par cet Am-

badadeur. Sandoual accuſe là
Li.20.
c.5.&7.
deſſusSoliman d'auoir eſté ſi ſu-
perbe, que de ſe moquer de Ferdinand, & de l'Empereur qu'il
défia tous deux conjointemét,
refuſant les preſens qui luy furent enuoyez en vne ſeconde
ambaſſade. Surquoy on peut
remarquer en paſſant, que l'ambition & l'injuſtice de ceux de
la maiſon d'Autriche, furent
cauſe que ce pauure Vaiuode
ſe ietta entre les bras du Turc,
qui ſur cette occaſion ſ'empara
de la Tranſyluanie, & affligea
miſerablement vne ſi importante partie de la Chreſtienté.
Mais qu'eſt-il beſoin de mettre
icy d'autres preuues du grand
deſir qu'auoit Charles quint de

viure en bonne intelligence
auec le Turc, quãd nous voyons
dans son instruction au Roy
Philippes son fils, qu'il luy re-
commande sur tout par le dou-
ziesme article, d'obseruer reli-
gieusemét la trefue de cinq ans,
qu'il auoit signée vn peu aupa-
rauauant auec Soliman ? Les
successeurs de Charles quint
ont tousiours trauaillé au mesme dessein, & pour ne rien rapporter de ce que d'autres traittez en ont desia dit, le Viceroy
de Naples mesnageoit encore
l'an passé 1636. vne trefue pour
le Roy son maistre à la porte du
Grand Seigneur, par l'entremi-
se de ceux de Ragouse ; celuy
qu'il y auoit enuoyé exprés

ayant renoncé à sa cómiſſion &
à ſa Religion en meſme tems
par la priſe du Turban. Loüé
ſoit Dieu de ce que nos Princes
ſont entrez dans l'alliance des
Ottomans par des moyens plus
honneſtes , & pour des fins ſi
vtiles à nos Autels , qu'ils ont
ſouuét receu auec les remercie-
mens des ſainɛts Peres, des in-
ſtáces bien preſſantes de la continuer. Les Roys d'Eſpagne
n'en peuuent pas dire autant dé
celle qu'ils ont auec tant de
Roys des Indes, ſous le ſeul pretexte de pouruoir l'Europe d'vn
peu de poiure & de canelle. Et
quand nous n'aurions que la
lettre que produit Cabrera de
Philippes ſecód au Cherif Mu-

Oſſat
li. 91.

Li. 11.
c. 18.

ley Hamet, ie m'eſtonne que
les Eſpagnols n'ayent honte de
nous reprocher noſtre paix
auec le Turc. Luy enuoyant vn
tres-riche preſent par Pedro
Venegas de Cardona ſon Ambaſſadeur, il l'exhorte à vne
mutuelle confederation, luy
proteſtant qu'il luy ſouhaitte
tout bien, honneur, & conten-
tement. Il faut noter que ce
Cherif eſt le Roy de Fez & de
Maroc, qui gagna la bataille
d'Alcacerquibir, que quelques
vns ont nómée des trois Roys,
contre l'infortuné Dom Sebaſtien, & auec qui Philippes
dont nous parlons eſtoit encore
en bonne intelligence, au meſme tems qu'il luy tuoit ſon Ne-

ueu. Or quand il feroit vray
que la neceffité nous auroit re-
duits à nous preualoir de l'alliance des Infideles, qui auroit-
il en cela de contraire au droict
diuin & humain? ny mefme à
celuy de la nature, qui rend
honneftes tous les moyens dont
dépend noftre conferuation?
Aurions-nous rien fait en cela
que les Papes, les Venitiens, les
Florentins, & tous les Souuerains Catholiques n'ayent prat-
tiqué en femblable occafion?
Que les Efpagnols lifent dans
P. Ioue le paffage de noftre Roy
Charles huictiefme en Italie,
ou s'ils font mine d'auoir pour
fufpect cet hiftorien, qu'ils
voyent la mefme chofe dans

leur Docteur Gonçalo de Illef-
cas, qui a escrit la vie des Papes.
Ils apprendront de tous deux
comme Alphonse d'Arragon
deuxiesme du nom Roy de Naples, enuoya son Ambassadeur
vers Bajazeth second vn Ca-
millo Pandonio, qui s'associa de
celuy du Pape Alexandre VI.
nommé Georges Bucchard,
pour representer à sa Hautesse
côbien il importoit à ses Estats
de Macedoine, & de la Morée,
que les François ne se restablis-
sent pas dans le Royaume de
Naples, ny dans la Sicile, à quoy
ils se preparoient. Et ils pour-
ront remarquer sur tout, comme ces Ambassadeurs firêt peur
à Bajazeth du dessein que les

Hist.
Pont. en
la vida
de Alex.
6.

François tefmoignoient auoir
d'entreprendre contre luy, veu
la grande inftance qu'ils faifoient qu'on leur mift entre les
mains le Prince Gemes fon frere. Ie ne m'eftendray pas dauantage fur vne matiere qui pourroit toute feule nous entretenir
trop long tems, veu mefmemét
ce que nous en auons efcrit ailleurs. Il me fuffira de refpondre
à nos ennemis, qu'icy comme
partout ailleurs ils veulent que
l'on nous impute à crime les
mefmes actions qu'ils pretendent leur deuoir eftre permifes;
& qu'on leur fouffre contre
toute forte de iuftice, ce qu'ils
rendent capital & irremiffible
aux autres. Car quand ils font
reuolter

reuolter des peuples côtre leurs
Souuerains ; qu'ils font efgor-
ger à vne mefme heure, dans
vn grand Royaume, tout ce
qu'il y a de nom François ; &
qu'ils celebrent des Vefpres Si-
ciliennes dont tout le monde a
horreur. Ils trouuent quant à
eux qu'elles font fort iuftes,
que les Siciliens eftoient trop
mal traittez de nous, & que ce
chaftiment eftoit deû à l'infolence de noftre nation. Mais fi
les Neapolitains fe pleignent
tant foit peu du traittement ty-
rannique qu'ils reçoiuét d'eux ;
fi les Flamans ne peuuent fouffrir le mefme ioug que portent
des Granadins ; & fi nous affi-
ftons les Hollandois nos alliez,

P

apres mefmes qu'ils ont efté reconnus pour peuples libres par
les Efpagnols. Ils demandent
vengeance à Dieu & aux hommes; crient que les loix diuines
& humaines font violées, &
pour peu que ceux qui ont la
foudre en main les en croyent,
nous ferons frappez d'vn coup
d'excommunication majeure.
QuandCharles deBourbonfort
de France à leur follicitation
trahiffant fon Roy & fa patrie,
qu'il eft General d'armée contre celles de fon Prince; & que
fa felonie eft fi odieufe chez
eux-mefmes, qu'vn Caualier
de Tolede protefte à l'Empereur qu'il abatra fa maifon, fi ce
perfide y loge par fon comman-

Sando.
li.13. c.
20.

dement. Sandoual trouue que
Bourbon auoit raison; il l'excuse comme ayant receu de
grandes iniures en France par
la persecution de la Regente
Louyse; & à son dire il a peû iustement se retirer vers l'Empereur comme son parent, & luy
demander iustice comme au
premier des Princes Chrestiés.
Mais si le conseil d'Espagne
fait oster à Ferdinand frere de
Charles quint le gouuernemét
de Castille & d'Arragon; si on
le priue ensuitte des trois grandes Maistrises d'Espagne ; & si
le Cardinal Ximenes, aux premiers ordres de Charles quint
chasse d'auprés de cet Infant
son Gouuerneur, son Cauale-

P ij

rice, & quaſi tous ſes ſeruiteurs.
Il ne luy eſt pas permis ſeulement de ſe plaindre ; on luy fait
entendre que toutes ſes richeſ-
ſes, & tout ſon bonheur, conſi-
ſtent aux bonnes graces de ſon
aiſné ; & ſ'il euſt fait du mauuais, nous y errions ſon procez
dans les archiues de Simancas,
auec ceux qu'on y a fait mettre
pour ſeruir en ſemblables occaſions, de Charles Prince de Via-
na, fils de Iean ſecond Roy
d'Arragon, & de Dom Carlos
à qui Philippes ſecond ſon pere
apprit ſi bien à eſtre ſage.

    C'eſt ainſi que les Eſpagnols
ſont iniuſtes enuers nous, &
que l'amour propre qu'ils ſe
portent, ioint au peu d'eſtime

L.Ca-
bre. l.7.
c.9. &
22.

qu'ils font des autres, leur fait
faire des iugemens temeraires
& ridicules. Ie ne pretends pas
les guarir d'vne maladie estimée incurable. Mais ie pense
bien auoir fait voir que Sandoual a comis des fautes qui ne
luy peuuent estre pardonnées,
pour ne s'estre pas despoüillé
de cette grande animosité contre la France, comme il estoit
obligé, puis qu'il vouloit passer
pour historien. Il me seroit aisé de la monstrer en assez d'autres choses, comme quand il
accuse en plusieurs lieux la
Reyne Germaine, derniere
femme du Roy Ferdinand,
d'auoir introduit à la Françoise
les excez de bouche en Espa-

gne, dont ceux de ce pays-là
n'ont iamais esté accusez chez
eux. Ie pourrois aussi estendre
bien plus loin mes petites censures, si ie ne craignois d'auoir
desia esté trop long. Car il a eu
autant de malice que de mauuaise grace, de rejetter l'em-
poisonnement du Dauphin
François sur sa belle sœur Ca-
therine de Medicis, femme de
Henry second, pour en descharger Antoine de Leua, le
Marquis du Guast, & leur
maistre. C'est mal respondre
aux depositions du Comte de
Montecuculo, tiré à quatre
cheuaux pour ce crime dans
Lyon, de dire que ce pauure
Caualier confessa ce qu'il n'a-

Lib. 21.
c. 9. &
25.

uoit pas faict, & que les Capitaines de Charles quint sça-
uoient assez combattre, mais
non pas empoisonner. Ce sont
des considerations generales
qui ne iustifient pas vn faict
particulier de la conseqence
de celui-cy; que ie ne voudrois
pas pourtant asseurer auoir esté
entierement bien esclaircy. Il
desaduouë aussi froidement le
meurtre de nos Ambassadeurs ^{Lib. 25.}
Rincon & Fregose, asseurant ^{c. 1.}
que le Marquis du Guast n'en
eut aucune connoissance, &
que des personnes masquées &
inconnuës commirent ce bel
exploit à l'embouchure du Te-
sin dans le Pau. Et neantmoins
chacun sçait que le Sieur de
P iiij

Langey en fit vne telle recher-
che, qu'il iuſtifia comme tous
les bateliers, tant des Ambaſſadeurs que des aſſaſſins, auoiét
eſté cachez dans les baſſesfoſſes
du chaſteau de Pauie, d'où
meſmes il trouua moyen de
les faire ſortir. Il ne faut plus
parler de coupables, s'il ſuffit
de nier reſolument, comme
fait Sandoual, pour eſtre eſti-
mé innocent. C'eſt tout ce
qu'on pourroit ſouffrir en vn
criminel qui reſpond deuant
ſes Iuges, & qui taſche d'éui-
ter le ſupplice. Mais en vn hiſtorien qui fait profeſſion d'in-
ſtruire le monde de la verité
des choſes dont il entreprend
la narration, ces fauſſetez ne

sont pas tolerables. N'en est-ce
pas vne merueilleuse , d'auoir
donné des articles de traittez
contraires à leurs originaux?
C'est où il parle des trefves de
Vaucelles en 1555. où il fait voir
vn article portant des defenses
generales aux François de paſ- Li 32.
ſer aux Indes pour y negocier,   C. 37.
ou pour y deſcouurir & con-
querir de nouueaux pays, ſans
le conſentement de l'Empereur & du Roy ſon fils. Car le
veritable texte que nous auons
veu, defend ſimplement à ceux
de noſtre nation de trafiquer
aux Indes qui appartiennent à
ces deux Monarques ſans leur
congé, nous laiſſant la liberté
des voyages de mer par tout

ailleurs, & comme par le paſſé,
(tant s'en faut que les deſcou-
uertes & les conqueſtes nous
fuſſent interdites) auec clauſes
expreſſes que rien ne peuſt preiudicier aux ſubjets du Roy
Tres-Chreſtien. Cependant
cette fauſſe allegation de Sandoual a eſté ſuiuie & citée par
le Canoniſte Freytas, dans ſon
eſcrit contre la liberté de la
mer, pour eſtablir la proprieté
des Eſpagnols aux Indes, &
nous y donner l'excluſion; ce
qui a deſia eſté obſerué par P.
P. 169. Bergeron en ſon traitté des na-
uigations. Si ie voulois enco-
re m'arreſter à quelques erreurs
qui concernent les ſciences, &
notamment la Geographie, en

la description ou distance des
lieux, ie me rendrois peut-estre
trop ennuyeux. On peut iuger
combien il a failly en cette partie si necessaire à l'histoire, par
ce seul exemple, tiré de l'entrée
que fit Charles quint en France Li. 26.
l'an 1544. où il dit qu'on ne   c. 18.
compte que dix lieuës de Lu-
xembourg à Paris. Mais quand
il a pris Coron ville de la Morée, sise sur le golphe Messenia-
que ou Asinée, pour la Chæronée de Plutarque, comme nous
auons desia remarqué, il a commis vne des plus grandes beue-
ues qu'il pouuoit faire; Chæronée n'estant point maritime,
ny du Peloponese ; mais ville
Bœotique, & l'vne des plus

mediterranées de toute la Grece. Ce font des preuues fuffifan-
tes, ce me femble, pour faire
voir que noftre hiftorien n'a
fceu ny la nouuelle, ny l'ancienne geographie. Au furplus
fi l'on trouue que j'aye apporté
trop d'aigreur en ces obferua-
tions, & f'il m'eft arriué de tomber dans l'excez que ie reprens
aux autres, d'auoir eu trop de
paffion pour mon pays, ie fuis
tout preft de reconnoiftre mes
mãquemens; bien que ie m'ex-
cufe en quelque façon fur la
mauuaife intelligence où nous
fommes auec les Efpagnols qui
m'a fait prendre tant de liberté.
Les fautes de la plume qui fe
font en cette petite guerre, ne

font pas irreparables comme en
l'autre ; & pleuſt à Dieu que
nos ennemis ne nous euſſent
point obligez à prendre d'autres armes que celles que j'ay
en main, ou qu'elles fuſſent
auſſi-toſt quittées de toutes
parts, que ie vay laiſſer les
miennes. En tout cas ie ſuis
ſeur que les plus equitables ne
trouueront pas mon procedé
vers Sandoual moins ciuil, ny
moins raiſonnable, que celuy
dont a vſé le grand precepteur
de Trajan en ſon rigoureux
examen de l'hiſtoire d'Herodote. Car il ne donne point d'autre cauſe de cette hardie entrepriſe, contre vn ouurage de ſi
grande eſtime parmy les an-

ciens, qu'ils luy donnerent le
nom des neuf Muses; sinon
que les Bœotiens ses ancestres ayant esté mal traittez
par Herodote, il auoit creu
qu'il y alloit de sa reputation,
& de sa conscience, d'entreprendre la defense de ceux de
son païs, & d'escrire contre celuy qui les auoit voulu diffamer. Or on ne peut pas dire
que Plutarque comme citoyen
de Chæronée, fust plus obligé à
maintenir l'honneur de la Bœo-
tie, que ie dois estre affection-
né à celuy de la France; ny
qu'vne des moindres & des plus
mesprisées parties de la Grece,
principalement pour la trempe
d'esprit qu'elle sembloit don-

ner, meritaft dauantage d'a-
mour, qu'vne des premieres &
des plus renommées Prouinces
de l'Europe, que ie refpecte
comme ma chere patrie. Que
s'il y a de l'inégalité entre cet
illuftre Philofophe & moy, qui
reconnois franchement qu'elle
eft infinie; on ne trouuera pas
moins de difproportion, à mon
aduis, du miferable trauail hi-
ftorique de Sandoual, à ce noble chef-d'œuure de Parnaffe,
qui eft encore en veneration à
tout le monde depuis deux mil
ans, nonobftant les mefcon-
tentemens particuliers d'vn fi
grand perfonnage.

F I N.

Errata.

Page 77. ligne 1. ou, mettez ny.
P. 209. l. 3. oftez le poinct, & mettez virgule apres parlé, & puis vn petit q. au lieu du grand.

www.ingramcontent.com/pod-product-compliance
Ingram Content Group UK Ltd.
Pitfield, Milton Keynes, MK11 3LW, UK
UKHW021511090726
13657UKWH00001B/181